学得会的老板思维

人人都是自己的 CEO

朱小兰 著

ZHEJIANG UNIVERSITY PRESS
浙江大学出版社

图书在版编目（CIP）数据

学得会的老板思维：人人都是自己的 CEO / 朱小兰著.
—杭州：浙江大学出版社，2019.3
ISBN 978-7-308-18906-4

Ⅰ.①学… Ⅱ.①朱… Ⅲ.①工作方法－通俗读物
Ⅳ.①B026-49

中国版本图书馆 CIP 数据核字（2018）第 302487 号

学得会的老板思维：人人都是自己的 CEO

朱小兰　著

策　　　划	北京即刻知识科技有限公司・布克加	
策划编辑	余燕龙　顾　翔　叶　赞	
责任编辑	黄兆宁	
文字编辑	郑成业	
责任校对	杨利军　牟杨茜	
封面设计	VIOLET	
出版发行	浙江大学出版社	
	（杭州市天目山路 148 号　邮政编码 310007）	
	（网址：http://www.zjupress.com）	
排　　　版	杭州中大图文设计有限公司	
印　　　刷	杭州钱江彩色印务有限公司	
开　　　本	880mm×1230mm　1/32	
印　　　张	7.25	
字　　　数	142 千	
版 印 次	2019 年 3 月第 1 版　2019 年 3 月第 1 次印刷	
书　　　号	ISBN 978-7-308-18906-4	
定　　　价	48.00 元	

前　言

作为一个组织管理领域的研究者、跨文化沟通与管理咨询培训行业的从业者，我最主要的工作是和各类组织的领导、企业家和管理者们打交道，在此过程中我也同时聆听到了很多员工小伙伴们的真实声音和困惑。比如：

为什么，我熬夜推倒重来 N 次的方案，老板还不满意？

为什么，我认为自己干得挺好的，升职加薪却没我什么事？

为什么，我遇到挑战，发点脾气，老板就觉得我玻璃心？

你每天拼命工作，有没有想过这些问题到底是怎么产生的？又该怎么解决？有人说工作干得不爽就跳槽嘛，三条腿的青蛙难找，两条腿的老板还不好找？换个东家就行。然而，在没有摸透职场生存与发展之道之前，就算换了十个八个老板，你的发展照样不怎么样。

曾经，我在初入职场的时候，也经历过一系列的破碎，也踩过无数的坑。当老板给有挑战性的任务时，我第一反应是"我不会"，既不懂得老板对结果的期待，也不懂得如何快速学习成长；当我只顾闷头苦干，以为爱"拼"就能赢时，却因不懂得如何过程汇报，不懂得如何与同事协同，被同事背后抢走项目；当我好不容易越过小白门槛，作为新晋管理者空投到一个新部门时，因没有及时转换成管理者角色，不懂得有策略、有方法地管理团队而遭滑铁卢之痛。

很庆幸，我在职业跃迁的过程中，有机会遇到很多领导人和高人，受到他们的指点。例如，有机会与美国前总统老布什、世界经济论坛主席施瓦布、中国外交部长王毅等近距离沟通；作为管理咨询顾问和培训讲师，有机会为诸多上市公司及成长型企业做企业教练，从而体悟到他们的独到之处，提升自己的思维格局。

日本"经营之神"稻盛和夫在《活法》一书中提到，人生和工作的结果＝思维方式×热情×能力，意味着如果思维方式不对，瞎努力可能"死"得更快。所以，为了让你在职场上不绕弯，不瞎努力，我总结提炼了老板思维，帮你通过学习老板的思维来搞定工作。

这里所谓的"老板"是广义的概念，除了直接或间接的上级以外，也包括老师、前辈，还有企业家等。因为了解他们是如何看问题和解决问题的，学会他们的思维模式，将会打开我们的脑洞，开阔我们的心胸。当你学会了从较高的维度看具体的问题时，这些问题就都不是个事儿了。

有人说，我没想过要当什么老板或高人，还需要了解和学习老板思维吗？是的，你不一定要当老板，不一定要创业，但学习了老板思维，我相信你可以更从容地搞定自己的工作，找到方向，提升职场价值，最终成为主宰自己人生的"老板"。

　　这本书的整体结构基础来源于美国最具影响力的心理治疗大师萨提亚的冰山理论，还结合了管理学、经济学、组织行为学、心理学、职场教练技术等各方面的一些"干货"，以及我自己的工作经验和在企业管理咨询实战中提炼的方法论。这些理论不仅可以用在职场和企业管理中，其实生活中也同样可以套用。

　　冰山理论，是萨提亚心理治疗中的重要理论。它实际上是一个隐喻，指一个人的"自我"就像一座冰山一样，我们能看到的只是"水面"上很少的一部分，也就是行为和表现方式，而更大一部分的内在世界却藏在更深层面，不为旁人所见，包括感受（我感觉……）、观念（我认为……）、期待（我希望……）、渴望与自我（爱、意义、生命能量……）。这座"冰山"大约只有八分之一露出水面，剩下的八分之七则潜藏在暗涌的水底，水面以下是长期被我们压抑并忽略的"内在"。

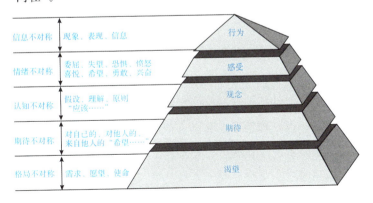

每一个人的心中都有一座"冰山"。当我们和对方出现冲突的时候，看似是表面的行为和对信息的应对方式不同，但实际上冲突的是"水面"以下的部分。员工与老板之间的鸿沟也是一样，因为我们生活的世界存在着诸多层面的不对称。如果能够了解冲突的来源，站在对方的角度理解他是怎么想的、为什么这么想，那么我们自然就能找到解决冲突的办法；如果我们只站在自己的视角去看待这个世界，那么就很容易钻牛角尖而无法自拔。

基于冰山理论的这五个层面，本书共分为五章，分别聚焦于信息层面、感受层面、认知层面、期待层面和格局层面。职场中的很多问题和矛盾冲突，其实就是你与老板在这五个层面上出现不对称所造成的。

举个例子，员工经常抱怨："老板一天一个想法，老变来变去，能不能定准个方向？"老板却觉得："市场环境变化太快，不变我就得死。"这个冲突就来源于信息层面的不对称。很多时候你知道的和老板知道的并不在一个维度，所以造成了彼此对于"干什么，为什么干，以及怎么干"的冲突观点。

面对工作中出现的问题，员工很委屈，老板不理解，员工很郁闷，老板更郁闷，这就会让彼此有很多抱怨、指责等。其实这个冲突的背后是感受层面的不对称，情绪上出现了问题。所以，理解员工和老板情绪上的不对称，并且迈过感受层面去解决工作问题，很重要。

说到绩效、薪酬，员工会认为："我辛苦一年了，应该有奖金吧。"老板却认为："你做这些分内事是应该的，我还给你发了工资呢。"产生这一冲突是因为认知层面的不对称。你和老板对绩效、薪酬这些概念有不同的理解，就会导致不同的要求和期待，从而产生认知上的冲突。所以，理解上级领导和老板的认知很重要。

我经常听老板说，"我找不到真正有用的人才"；而员工会说，"我明明已经很努力工作了"。这个冲突来自期待层面的不对称。很多时候并不是员工没能力，而是员工交付的和老板期待的不符，这就影响到对一个员工的评价，继而影响到他的职业发展。所以，理解老板的期待很重要。

有员工对于工作的理解是"给我多少钱，我就干多少活"，可老板看的是未来的事业大格局，不是眼前这点工作。产生这种理解上的误区就是因为双方在格局层面上不对称。员工想生存，老板想事业；员工追求完成任务，老板追求完美卓越。当我们认识到了这种格局不对称后，就会发现格局上的局限会影响到一个人未来发展的边界。

面对这些不对称，老板们会用什么样的思维看待和解决这些问题呢？如果我们只看到"水面"上的那些看得见的故事和事件，而不洞察和理解"水面"下的部分，就很容易陷入"我对你错"的评判和无休止的争吵中。而当我们理解深层次的思维模式时，我们就能找到问题根源，创造共赢的解决方案，提升自己的格局。

在本书里，我将用 30 个常见的职场场景来分享老板们的思维、策略和方法，让每一位读者都学会老板的思维。

于我自己而言，这些思维对我的职业发展和心理成长帮助非常大、非常多，让我从名不见经传的实习生，只用半年时间就成为项目主管，让我从不懂管理的"菜鸟"，5 年内成为给企业做诊断的管理顾问和合伙人，也让我找到职业方向和工作幸福感。我也用冰山理论的这五个不对称层面的分析方法，成功让记恨老板十年的员工放下心结，也帮助新晋升的主管更好地带团队，甚至在外交谈判中让双方更好地进行了跨文化沟通。

所以，我的体会是，学习老板思维的最大价值在于，能够帮你跳出固有的思维边界，学会换位思考和从更高的层面思考问题。人生就像爬楼梯，当你站在第 20 层看第 10 层的问题时，其实你可以不迷茫、不焦虑地应对。人生的目的也是利他，当我们学会从"关注自我"到"帮助他人"时，会发现其实可以成就更好的自己、幸福的自己。

每个人终其一生都要成为自己，而在此期间无法逃避的一门课就是成为自己人生的 CEO。那还等什么呢？请跟我们一起来学习"老板思维"，从容搞定工作，成为主宰自己人生的"老板"。

扫一扫，学会老板思维

目 录

01 你知道的 vs 老板知道的

02 你觉得的 vs 老板觉得的

03 你以为应该的 vs 老板以为应该的

04 你期待的 vs 老板期待的

05 你的远方 vs 老板的远方

01

你知道的

vs

老板知道的

任务堆成山，为什么还要写工作日报？

工作中你有没有觉得写工作日报很烦？其实以前我也抱怨过："任务堆成山，我都忙成狗，为什么还要写工作日报？"后来我做企业顾问，听到老板们也在抱怨说："我都不知道员工拿了钱干了些什么，交上来的工作日报也根本没法看，就是在应付。"

即便有了日报，其实你与老板在信息层面也还有很多不对称：你知道的老板未必知道；你干了很多事，可老板也不知道你有多牛。所以在这里我们想和你聊一聊，关于工作日报那些事儿。你搞定了日报，那么周报、月报就是差不多的套路。

我们先来聊聊你讨厌日报的原因以及它到底有没有必要。

原因之一：你认为浪费时间。那日报真的是浪费时间吗？

美国著名管理大师、被誉为绩效改进之父的吉尔伯特说，信息畅通是提升组织绩效的第一件事情。对于老板来说，管理组织就跟拼图一样，如果你不提供属于你的那一块拼图，老板就拼不出完整的图案。这样的信息不对称，就不利于老板整体统筹布局和安排，甚至可能会耽误事或决策上会受影响。

举个例子，我实习的时候有一次因为没有在日报中提前通知第二天我会跟着大老板外出，而导致手头上的任务被耽搁，继而有客户投诉。一开始我的直接上司质问我的时候，我还很理直气壮，觉得这是大老板分配的工作导致的延误。但后来我的上司严肃地指出，如果昨天你的日报上有这么一条外出计划，那么我们就会很快找人替代完成，任务就不会被耽搁。后来，我会在日报中提前报备一些可能存在的延误或风险，以便上司有心理准备，并统筹安排。

所以，总揽全局的工作进展，提升组织效率，是老板要你写日报的原因之一。

原因之二：你害怕日报是你没有好好工作的照妖镜。

你在上班时间，在淘宝上给自己抢了一堆"好东西"，刷了一个小时的抖音，甚至打着拜访客户的由头出门转了一圈商场。你是在投入工作还是在要滑头、磨洋工，统统瞒不过老板的火眼金睛。所以，有人觉得老板要工作日报就是想抓你的把柄，好扣你钱或作为以后裁掉你的"证据"。

那么，工作日报真的是老板用来监督你的工具吗？

其实，固然有些老板觉得，要是不监督，员工是不会好好干活的。但是，我们见过的大多数老板其实都不是吃饱了撑的，单纯为了虐你，他们其实根本不愿意，也没时间监视你，他恨不得你主动帮他搞定一切。

老板真正想看的是什么？实际上，他真正希望看到的是你在做"有价值的工作"。什么是有价值的工作？比如，你在日报中写"我一天打了100个陌生电话"，或者是"我画了10张设计图"，确实你做的努力可赞，但如果你打了半天电话却一个有意向性的客户都没挖到，或者画了一晚上设计图，但一张都没通过，天天在公司待到深夜也没见有价值的产出，这时候，就需要老板帮你发现是不是偏离了方向，以便进行及时指导，调整工作方向。

因为公司需要员工创造价值，而不是重复 N 次无用功。

所以，日报中要体现的是有价值的工作，也就是方向对、策略对、有产出的工作。

既然理解了老板为什么要我们写日报，想看到什么，接下来我们就来聊一聊日报应该写成什么样子才能满足老板的要求，同时也对你个人有加分，不让写日报变成浪费时间。这里有三个模板句式，对我们写日报非常有帮助。

模板一："工作＋成绩"，日报可以体现你的产出。

某公司商务部员工是这么写的："9：00—10：00，写邮件；10：00—11：00，给客户打电话；11：00—12：00，找财务部给合同盖章。"你是不是也写过类似的日报，甚至还把"今天扫雪了，大扫除了""和同事吃了顿饭"之类都写上去了？你试想一下，这么写老板能对你有好印象吗？之前强调过，老板想要看到的是"有价值的工作"。

想要让老板知道你做了哪些有价值的工作，你有多牛，你可以写"工作＋进展"。比如，"截至今天，研发任务已经完成了 60%，比计划提前 3 天"。

你也可以写"工作＋结果"。比如今天你"和客户谈了一个合同，成功拿到了 500 万元的订单"。

你还可以写"工作＋策略"。比如你"通过与供应商争取到订单式生产的有利的合同条款，解决了库存多的问题"。

总之，你也许是个实干家，但光练不说，老板就不知道你有多牛、做了多少有价值的工作，而工作日报则可以帮你晒出成绩单。

模板二："问题＋解决方案"，日报可以体现你应对问题的策略。

写日报当然不能只吹成绩，还要把问题呈现出来。但你不能简单地只告诉老板遇到的问题，比如：

"跟踪了 10 个客户，都被拒绝或不接电话或待回复。"

"我们的货物总是不能按时到指定地点。"

"运营部门接到客户投诉，责任在于测试工程师——他们没找到手机总是黑屏的原因。"

如果只是在日报中发现问题，抱怨问题，推卸责任，那可不行，你更要以"问题＋解决方案"的方式呈现你的工作，并提出解决方案所需要的支持、资源等。比如，"A 客户不同意我们的合同条款，想后天邀请老板一起拜访"，"手机黑屏问题始终没解决，能不能批预算，让第三方测试专家一起盘点问题出在哪里"。

当老板看到你不仅在思考，在找问题，也愿意尝试解决问题时，他一定会极力支持你、帮助你的。所以，借日报来申请支持吧。

模板三："计划＋目标"，日报体现你工作方向的对与错。

日报中还有一项最容易被忽视的内容，就是写"未来工作计划"。我们在工作时，总是会不知不觉被一些不太重要的琐事消磨了时间，耽搁了重要的工作。而有了做计划的习惯，弄清楚了下一阶段的工作重点，你的工作效率也会逐渐地翻倍。

如果你只是简单列计划，比如，"5月20日，与技术对接讨论"，"明天，与质量部开会"，"下周，设计易拉宝"，那么对不起，这样写日报是不合格的。

你应该写"计划＋目标产出"，比如，"5月20日，与技术对接讨论，更新《产品说明书 V2.0》"，"明天，与质量部开会，确认出厂产品的质量检验流程"，"下周，设计易拉宝方案，并打出样品"。

设想一下，老板看到如此井井有条的工作安排，一定会对你大加赞誉的。

小结

在这里我们澄清了什么是工作日报，以及它的重要作用。对老板来说，日报可以统筹布局，提升效率，规避风险。对我们来说，日报是让老板知道你有多牛的沟通工具。

老板想从日报中看到什么？老板不是想看流水账，他希望看到"有价值的工作"。

什么是有价值的工作？就是方向对、策略对、有产出的工作。

那我们应该怎么写日报呢？有三个模板可供指导：

模板一，"工作＋成绩"，体现你有产出。

模板二，"问题＋解决方案"，体现你应对问题的策略。

模板三，"计划＋目标"，体现你的方向正确。

工作日报，只是我们日常工作中提升效率、发挥工作价值的一个工具，也是"学会老板思维"的第一步。接下来，我们会聊聊在遇到"老板天天变化，跟不上老板思维"的问题时，该如何应对。

延伸思考

尝试用三个模板的方法完成你的工作日报，看看日报是否帮助你梳理了工作的方向、策略。

老板一天一个想法，如何巧妙应对？

曾经有人咨询："我老板一天一个想法，公司变化特别快，我真不知道在这里未来有没有稳定的职业发展！"你有没有遇到过类似的老板，时不时给你来个新想法让你执行，让你措手不及，感觉很不稳定？

同时，我也经常听到老板们着急地说："我们公司的员工，整天就知道八卦娱乐，但思想和能力都跟不上公司的变化。"实际上，你与老板对于"变化"的信息有很多不对称，当老板很敏感地捕捉到市场的变化，做出迅速反应让下属去执行时，你很有可能还不知道老板真正的用意，也就是还不知道老板有多牛。

这是一个信息爆炸的时代，每天巨大的信息量让你刷新不过来，这种快速变化的节奏，会让很多人包括你我都处在焦虑状态。首先，我们来盘点一下这种焦虑感来自哪里。

第一，不确定性。

比如，在我的一家客户公司中，我碰到有位产品经理抱怨：

"老板今天说要主打 A 产品，明天说要卖解决方案，真不知道到底要定位在哪里，能不能让我们安心研发打磨一个产品?"

变化让我们不知道"定"在哪里，所以心也就没法安定。

而通常老板对不确定性的看法是，要么是机会，要么是危机。你观察一下，看同样的新闻或文字，老板就可以快速捕捉趋势性信息，发现未来机会。或者，老板们会时刻保持不确定性带来的危机感，时刻准备转型升级。

第二，无力感。

"我本是个小小财务主管，可是老板今天说要贷款，明天说要跟券商谈融资，与财务相关的也就罢了，竟然还要把行政人事都让我负责。我感觉自己能力还达不到。"也就是说，当能力跟不上公司变化时，你会感到无力。

大部分员工依然希望有清晰的工作边界，比如，你是做财务的或者是做技术的。但我们会发现，如今的组织形式已经在开始变化，很多工作都不像过去那样按部就班。而老板们从不在乎跨界，甚至善于跨界"打劫"。因为他们懂得"自己是自己的隐形杀手"，只有突破自己的边界，才可能持续生存。

你希望"稳定地发展"，但老板却希望在"动态变化中发展"。这种不对称，就如同两个人一起跑步一样，如果配速不一样，慢的人跟上去总会气喘吁吁感到不舒服，如果快的那个人还经常变速，那跟的人就更不知所措了。

知道了自己焦虑的根源，我们再来看看老板到底为什么变化。如果你能够了解老板变化背后的逻辑和目的，应对起来也就更加自如了。老板的变化来自三个方面。

第一，顾客需求的变化。

10 年前我甚至都还不知道世上有个东西叫 App，但这些年我们的生活方式发生了巨大改变，现在手机一个屏都不够放所有 App，买东西的渠道从地面商店转移到了淘宝天猫或垂直电商。包括如今已经非常强大的手机支付，连大街上卖煎饼、卖菜的小商小贩们都放着二维码支持微信、支付宝结算。

这种顾客需求的快速且颠覆性的变化，让很多公司备感不适，因为整个生态的水流都变了。著名投资人张泉灵说过，"时代抛弃我们的时候连声再见都不说"。所以，老板们很清楚，水变了，如果不适应新的水流，早晚会死。

第二，商业模式的变化。

水流变了，泳姿也得变。也就是说商业模式跟着变化了。

记得 2013 年我翻译《掘金大数据》的时候，市面上只有两本关于大数据的书，大数据还只停留在入门概念阶段。这才短短几年时间，我们可以看到很多公司已经运用大数据升级了商业模式。大数据的运用不只是巨型公司的事情，很多成长型企业也都基于大数据拓展新业务，或者改变自己的商业模式。比如，停车场管理工具"停简单"App 的母公司，5 年前还是传统停车场规划和管理公司，如今已然是停车场大数据公司。包括我的客户中也有这样的，比如从曾经的房地产抵押评估公司衍生到房地产大数据公司，从旅游规划转型景区大数据托管。

所以，在这个进化大迁跃的过程中，老板们觉得要快速学会新泳姿，不然就无法进化为新物种。可是光老板学会新泳姿还不够，整个组织都要支撑起来新想法，都要变，一起扑腾。

第三，对人才能力需求的变化。

华为创始人任正非说，人才要敢于"东北乱炖"。我的客户企业们也大都如此，过去根本没有互联网运营、新媒体运营、大数据管理等岗位和人才，但因为公司战略方向和业务都在变，对人才的能力要求也随之发生变化。

可是，对于企业而言，不可能在有限的预算下，在业务不确定的情况下，一下子从外部招来昂贵的人才团队。我们看到这几年供不应求的互联网工程师们的年薪甚至比老板都高，现在新媒体运营工资也不低，因为几乎每家公司的市场推广都围绕新媒体这场战争展开。所以，老板就要求先让内部员工从专才变成跨界人才。如果你的老板天天要求你学习和变化，那么恭喜你，起码老板还没有直接开掉你的意思。我看到的很多人，连个机会都没有就直接被裁员了。

其实，在我做顾问之后，真心觉得企业家们真的非常厉害，可以在爆炸的信息中快速捕捉机会、应对变化，并落地执行。

理解了老板变化背后的逻辑，那应该如何从容应对老板的变化呢？

应对方法一：时差法——运用想法到落地之间的时差。

态度上，一定要积极响应，即便你还不能理解或者不同意老板的做法，在没有经过论证前不要轻易说"不"。如果你了解老板的变化风格和大概频率，那么你可以找到一定的、合适的时差，在这个时差里充分与老板沟通方案的可行性、风险和预案。

如果每当老板提出一个新想法，你一眼看到的只是问题，一上来就反对，那么他就很容易认为你跟不上变化，不愿意也没有能力承接和挑战新事物。

如果你虽然看到问题和风险，但仍然积极响应，比如，可以建议做个市场调研，可以帮他积极寻找落地方案和应对风险的建议，那么也许看到调研结果，他主动改变主意也说不准。这样，即便这个新想法失败了，老板也不会埋怨你不行。

应对方法二：指南针法——从不确定性中找到确定性。

在上面对焦虑原因的分析中，我们因"不确定性"而焦虑。那么，我们可以像在茫茫大海中看指南针一样，先找到北，也就是先确认目标和使命，并达成共识。

举个例子，"让天下没有难做的生意"是阿里的使命，那么不管做天猫还是淘宝，业务形态在变，某个频道的形态也随时可以变，但其实都是围绕这样的使命来变的。

所以请你首先了解老板要变化的初心是什么，目的是什么。那么具体到某一产品的变化，你就知道方向在哪里。这时候你无论支持还是反对老板都可以找到理性的理由。

应对方法三：特区法——先做小范围试验田。

每当我的客户要转型的时候，我经常建议老板设立"特区"。先尝试一下，再大力推行。

我们的工作其实也一样，你在积极回应老板创新想法的同时，也可以建议老板："可不可以先小规模做个小尝试，实现个小目标，然后再推行？"这样，即便他变了想法，你的沉没成本也比较小，调转船头也比较容易。

小结

前文中叙述了"变化的信息"的来源，以及应对方式。对于员工而言，对老板的变化感到焦虑甚至抗拒，是因为"不确定性"和"无力感"。而对于老板而言，由于顾客需求的变化、商业模式的变化，从而导致对人才能力需求的变化，才会要求公司内员工学习新技能，胜任新工作内容，开拓新领域。

那我们应该如何更自如地应对老板的这些"变化的想法"？有三大方法：

一、时差法——找到想法到落地之间的时差，充分与老板沟通方案的可行性、风险和预案，而不是一上来就说"不"。

二、指南针法——在不确定性中找到确定性，首先了解清楚老板要变化的真正目的，再根据实际情况动态调整解决方案，而不是简单执行任务。

三、特区法——建议老板先小范围试验再全面推行。

外部信息的变化和内部工作内容的变化已经是我们日常工作的常态，只有和老板一样积极应对变化，进化为新物种，才可能不被这个时代所淘汰。有了这样的心态，接下来我们会聊聊在职场中"你真正要干的工作到底是什么"。

延伸思考

请思考你的老板和公司的变化，并尝试用以上三个方法去积极应对。

明明做了很多事，为什么老板说你瞎忙？

记得我刚刚上班的第一周，真心不知道该干点什么。我等待着老板指示，等了两天终于老板叫我复印了一份文件。我感到非常失落，觉得我一个堂堂"211"大学毕业生怎么是来复印的。多年后，当我以老师的身份到企业时才发现，像我 N 年前那样不知道工作要干什么的小伙伴还真是不少。

你可能会说："我没那么小白，我知道我的岗位是干什么的。"可是，作为顾问的我也常常听到很多老板说："我们公司的员工整天不知道该干什么，该干的没好好干，真不知道他们在瞎忙些什么。"

从以上例子中我们不难看出，在人人都喊忙的职场中，很多人自以为做了很多事，但在老板眼里很多时候其实就是瞎忙，没有干到点子上。

首先，来看看在老板眼里，哪些人属于"不知道干什么"的人。有这么四大类：

第一类：小白兔。

就是那些等待老板指示，老板让他干什么就只干什么的人。他们眼里基本没活儿，只有被动地让他干什么时才会勉强行动。

第二类：事务狗。

我们常常说自己忙成狗，但我发现很多人其实都是忙于不太重要的事务性工作，通常没有忙到点子上。这就属于，"看似知道该干什么，其实并不知道"。

第三类：油猴子。

他们是属于"只知道自己想干什么，其他统统都不干"的类型。

比如，不是岗位职责范围内的一概不是他的责任，看起来比较艰难的工作一概不干，可能出问题的风险工作一概不接。

第四类：老黄牛。

他们属于"该干的不该干的都干了"的类型，非常勤奋，倒是比啥都不干的要好点。但是，有时都不知道自己越权，不知道自己抢了别人的风头，甚至在团队中不受待见。所谓"勤奋反被勤奋误"，死了都不知道自己是怎么死的。

为了让员工清楚知道该干什么，组织管理中有一种东西叫"岗位说明书"，为的就是让员工清楚知道要干什么，责任是什么。当然，也有一些企业压根儿就没有规范的"岗位说明书"。但你先不要着急怪老板没告诉你。如今，市场快速变化，公司快速成长，业务模式快速升级，人员快速流动，在天天面临不确定性和变化的现代组织中，很多时候其实"岗位说明书"都失效了。因此，我们应该自己设计工作内容，对自己的工作负责，主动告诉老板我想干什么。

那你的主要工作内容应该来自哪里呢？来自三个方面。

来源之一：岗位职责决定主要工作内容。

最直接的参考文件就是"岗位说明书"，其中就有对岗位职责的描述。

比如，人力资源部培训专员的岗位职责如下：

1. 负责培训需求调研；
2. 负责供应商的筛选与对接；
3. 负责组织实施培训；
4. 负责培训效果满意度的调查及持续改进；
5. 领导交办的其他工作。

如果你发现在你的工作中"领导交办的其他工作"占70％的份额，那么你就要重新理顺一下你的岗位职责了，看看是整体业务变化带来的工作内容的变化，还是你多承担了额外的工作职责，还是不小心抢了其他人的职责。

如果没有正式的"岗位说明书"，公司招聘的时候人力资源负责人或者你的直接老板会告诉你，你未来的工作是什么。如果两者皆没有，那么请你主动与你的老板沟通，询问你的主要岗位职责是什么。

所以，请不要像小白兔那样被动等待老板指示，要主动履行岗位职责。也不要像老黄牛那样勤奋过头，干了很多不该你来干的工作，累死不讨好。

来源之二：关键目标引领工作策略和路径。

首先，公司会有绩效考核，会给到每个岗位关键绩效目标，那你就要围绕你的关键绩效目标来设计你的关键工作内容。

比如，你的目标是开发 10 个客户，那么你的工作要围绕着"如何有效开发客户"来设计，至于你是发邮件、打电话，还是朋友圈求助，这些动作都是你的手段。

其次，你的工作内容一部分是来自老板（或者部门）的目标。比如，公司要从传统企业转向智能制造。围绕这样的公司大目标，人力资源主管的工作内容就要发生变化了。同样是招聘工作，就要从在赶集网找工人变成通过拉勾网招聘工程师，从组织内部竞聘工作转变为找猎头寻找外部经理人了。

部分民营企业和初创公司可能没有绩效考核制度，没有关键指标。即便是在这样的企业组织里，你也需要设计自己的小目标，今年我要完成哪些重点工作，达成什么样的小目标。这样，你的大脑就很清晰地知道 80％的力量和资源要放在哪些重点工作上，用什么样的策略和路径。因此，以目标导向设计工作会更容易出成绩。

所以，请不要成为整天瞎忙碌的事务狗，要学会从目标出发，有策略地设计关键工作。

来源之三：拓展边界和创新帮助挖掘潜能。

有人说："我只要做好我的分内事就好了。"确实，在成熟的、分工很细的公司里，岗位职责细分得非常具体，"干好分内事，只求不犯错误"也就成为很多员工的工作作风了。只做好分内事，真的就万事大吉了吗？

我曾去一家电梯企业调研，这家公司一年的产量占全国半壁江山，相当于日本和韩国的总产量之和。可是创造出这么大产量的公司里，也就能见到 200 多人。因为，传统工作都被从德国进口来的机器人取代了。未来很多重复性、机械性工作也会被机器人取代，老板正在考虑如何减少人工成本来引进更多先进技术。

如果我们永远只做分内工作，只了解自己擅长的那些模块，未来当这个岗位没有了，或被机器人替代的时候，我们又该干什么去呢？

所以，请不要成为职场油猴子。公司有新项目要主动去承担，有问题要主动去解决，别人不愿干的要主动帮助别人完成，最后这些经验都会留在你身上，为你提高自身价值做积累。

有了主动拓展工作边界、主动创新的意识，不仅老板可以看到你的价值，你还可以利用平台主动挖掘潜能，得到成长。

了解了工作内容的来源，那该如何具体设计工作，让老板觉得你忙到点子上了呢？

方法一：价值法。

你可以反问自己，也可以和老板沟通，你这个岗位存在的意义和价值在哪里。

比如说，某产品工程师岗位的主要价值有三个方面：深度理解客户需求，技术对接与协同，确保产品实现。

当产品工程师所有的工作内容都是围绕这三大重点价值

进行有目的的规划时，就算忙到点子上了。

方法二：重点模块法。

有些岗位的工作是可以区分出主要与次要模块的，你可以主抓其中的若干重点模块。

比如，人力资源工作就是六大模块：人力资源规划、招聘配置、培训开发、绩效管理、薪酬福利、劳动关系。如果你所在的公司是一家成长型公司，那么今年人力资源的重点工作就是三个模块：招聘、培训和绩效。

所以，根据自身企业不同的发展阶段，确定几个关键的重点模块，会更有成效，而不是一下子什么都揽，却什么都干不精。

方法三：流程法。

我们可以把整体工作按工作流程来进行梳理。按流程梳理的好处是，不仅能够梳理每个工作阶段需要做什么，还可以不断优化流程，提高工作效能。

例如，某公司供应链负责人梳理自己的工作流程为：

第一步，供应商选择；

第二步，新产品验证；

第三步，订单组织生产；

第四步，物流与产品交付。

这样一来，哪个环节需要做哪些具体工作，甚至哪些策略可以优化就一目了然。即便这个岗位换人了，交接工作时，下一任也比较容易知道他要干什么，以及怎么干。

小结

我们着重梳理了职场中"该干什么"的问题，也就是工作内容的设计。

从工作态度上，我们不能成为老板眼中不知道该干什么的四类人：等待指示的小白兔、瞎忙的事务狗、不想多干的油猴子、该干的不该干的都干了的老黄牛。我们应该主动围绕自己的工作职责、关键目标和创新方向来设计具体工作内容。

那应该怎么具体设计工作呢？

方法一，价值法。梳理自己岗位的几个关键价值。

方法二，重点模块法。围绕重点模块和难点抓关键工作。

方法三，流程法。梳理并优化工作流程中的策略与路径。

成功，需要在正确方向上做正确的事情。

无论在职场还是自主创业，乃至在人生成长过程中，清晰地知道自己是否处在正确的方向和轨道上都是最重要的事。清晰地知道了自己工作"该干什么"，接下来我们就可以谈一谈"怎么干"的问题，也就是如何提高工作效能的问题。

延伸思考

请重新设计你的工作内容，找到今年的重点工作及目标。

忙成狗的你，如何提高工作效能？

如果你的老板想给你额外的工作任务，你会有什么回应？

我听过很多小伙伴跟老板说："老板，我的工作量已经很大了，饶了我吧。"

而老板却不理解："我觉得他的工作量并不饱和呀，怎么就觉得那么忙那么累呢？给他加一点点活儿都不愿意，可能他的能力不够吧。"

你觉得自己已经忙成狗，老板却觉得你工作量不饱和，这种不对称会直接影响到老板对你的能力评价。也许有些人真的能力不够，但我发现大部分情况下，这实际上是工作效能不高导致的。

作为一枚斜杠青年，我同时在做多种不同工作，包括管理咨询、培训讲师、高级翻译，并参与国际合作与并购项目、众筹咖啡馆以及公益协会等，这里还不包括自己的学习和兴趣爱好。多条线、多任务工作是我的常态，其最核心的秘诀就是提高工作效能。

首先，要了解到底什么因素会影响你的工作效能。现在的上班族有以下几种很典型的症状，看看你有没有中招。

症状之一：向日葵症。

就和向日葵一样，其他人往哪儿你就往哪儿，非常容易分散注意力。

同事聊个八卦，就掺和两句；好不容易要干点正经工作，来了个电话就赶紧处理；这还没处理完呢，同事又叫你开会。一整天都非常忙，但回头一想，尽忙些琐碎的、没用的事务。

症状之二：红点强迫症。

看到微信软件上出现红点，你有没有特别想打开？在"消灭"红点的过程中，又不小心刷了朋友圈，再跟朋友聊上个 15 分钟，顺便看几个转发的小视频。不仅是微信，也有人看到新邮件就忍不住秒回，看不得邮箱里有未读邮件。结果，一整天都在时不时强迫症般地看邮箱和翻手机，连续的工作状态被打断了 N 次，还在不知不觉中被偷走了两个小时。

症状之三：拖延症。

如果工作任务的提交时间在周五，而很多人到周三了还基本一个字都没动，然后周四熬通宵，踩着周四晚 12 点最后截止时间提交任务。对于拖延症患者，有截止日期还好，那些没有截止日期的长期而又重要的事情，基本就是遥遥无期啦。

我们再忙，其实也忙不过老板们，他们的责任更重、任务更多。那么，那些成功的老板们是怎么提高工作效能的？研究发现，他们对待时间的观念具有三个共同的特点。

第一，时间等于决定。

有老板告诉我："时间不是省出来的，而是决定出来的。"

老板们非常清楚时间的宝贵价值。所以，面对一大堆事情和想见他们的一大堆人，他们会决定优先做什么，见谁或不见谁，目标非常清晰，如果有些事对实现目标没有什么意义，那就坚决舍弃。所以，在时间安排上，老板们会优先处理最有价值的事情。

第二，自己给自己截止日期。

当老板们决定做一件事情时，没有人会给他们截止日期。他们会主动给自己布置任务，设截止日期。

其实，你也一样可以给自己设置截止日期。这个截止日期并不是被老板要求的截止日期，而是比要求再提前一点的截止日期。

一来，如果比老板的预期提早完成，这种工作态度绝对可以在老板的印象中加分；二来，可以灵活应对过程中的变数，比如，万一最后一天生病了或者有更紧急的事情了，也可以从容处理。

第三，全情投入。

著名社交媒体推特的创始人杰克·多尔西，被称为"改变世界的程序员"。他是个工作续航时间超长的拼命三郎。他会固定整块时间来开例会，把一周计划落实下去，以避免开会的频率过高。而且每次开会都全情投入，关注最重要的事项。

所以，全情投入最大的好处就是让工作效能倍增。

在借鉴这些成功人士们的高效工作法的同时，我也补充推荐自己用过且在给学员培训时比较有效的工作方法——一个心法和三个方法。

心法：发出今天的意愿。

每天早上，请给自己发出今天的意愿。

你想过一个怎样的今天，期待有什么收获？

意愿，可以是具体目标。比如，"今天我给自己设定，一定要输出一节课程"。

意愿，也可以是工作目的或意义，比如，"今天一定重视质量问题，提升客户口碑"。

不要小看这样的一个发意愿的小动作。一方面，它是给自己一个承诺，成为自己的监督者；另一方面，它会明确今天的关键目标，会帮助你减少干扰。之前说的向日葵症就会缓解很多。

这个方法我也用在对孩子的教育中。早上送孩子上学时，我们不用天天重复"你要听老师的话"这样的孩子听腻了的嘱托，而是可以跟孩子说："我们一起发出一个意愿吧，今天主动举手发言一次。"明天，这个目标可以换成"主动交一个朋友"。这样一来，晚上放学后，你也可以去询问孩子早上发出的意愿的完成情况，而不是天天只问今天吃了什么。

回到职场场景中，每天工作开始时，你已经有了清晰的意愿，那该用什么方法来安排工作呢？

方法一：可视化清单。

我个人比较喜欢用效率手册、便签，将今天最重要的几项工作贴在醒目的地方，时刻提醒自己。因为根据心理学方面的研究，可视化可以形成督促的力量，也更能使人在处理事情时以目标为导向。现在我们的手机上也有各种促进效率的 App，可以选择自己喜欢的，比如滴答清单、番茄清单、印象笔记等。

你可能说，我也曾做计划，比如计划一天要做 10 项任务，但是基本上完不成，只能放弃了。放弃后心里觉得很内疚、很焦虑，之后觉得反正也完不成，就干脆不做计划了。

为了避免这种情况，我们建议只重点记录并关注与目标相关的 3～5 项必办事项。剩余的事情就按你认为合理的顺序处理就好，不要一下子让自己受挫。就如同跑马拉松，如果一下子想到要跑 42 公里，会觉得很遥远，腿都软。但是，如果你告诉自己先完成 5 公里，那是可以做到的。当设定的小目标一个个完成的时候，你会有满满的成就感。所以，目标要分解为小目标，尝到完成小目标的甜头之后，再慢慢给自己加码。

除了一天清单之外，我会以思维导图的方式做年度计划，对工作和生活的年度关键目标进行可视化整理。这个办法会解决长期拖延症——只为了眼前紧急的事情，会拖延更为长期而重要的事情。在年初制订计划之后，每个季度我会去盘点完成情况，并根据实际情况调整目标与计划。我发现，用这个方式来确定孩子的教育规划、家庭旅行计划、自我成长学习计划都非常有效。而且，更神奇的是，当有些重要目标被列入计划内之后，必要的资源和人竟然都会自己找上门来帮助你，也许，这就是所谓的"吸引力法则"。

方法二：三明治法。

就像三明治，几样东西一起吃，你也可以几件事情同时做，提高单位时间的效能。

比如，我最有效的写作和写邮件时间是在等飞机、坐飞机期间；中午、晚上吃饭时间就是我集中回复微信的时间；早晨和晚上刷牙时间，我会一边听书一边做蹲起运动。

这样一个时间段同时做 2～3 件事情，就能够一天至少多出 1 个小时的有效工作时间。所以，如果你有红点强迫症，可以在一天中设置一个集中处理微信和邮件的时间段。

生活中，我们也可以用三明治法。比如，工作忙碌的职场妈妈可以选择亲子运动，将陪伴孩子和关注自身健康的两件事同时解决。

方法三：高质量时间块。

用某一块可以连续续航的完整时间，全情投入关键工作。

有位老板说，他开会时 1.5 个小时之内谁的电话也不接，还跟秘书开玩笑，只有老婆的电话可以转给他。

其实你也完全可以在一整块时间里专心致志地做一件

事。如写报告时规定 1 个小时不看手机，每个月最后一个晚上规定用半小时来做下个月的计划，等等。每个人专注的时间长短不一样，可根据集中注意力的规律来调整。

在时间管理理论中，有一种时间管理法叫"番茄工作法"，称 45 分钟是人们集中注意力的一个周期。可以自己设定 45 分钟作为一整块时间，在这整块时间里只投入一件事情再去休息。你也可以根据目标所需进行调整，像高考必须连续 2 个小时集中精力，就要从平时开始以这个节奏训练。也可以根据个人习惯，我个人比较喜欢以 1 小时为单位投入进去。

决定自己的续航时间，并诚恳地告知别人这段时间不方便接电话，慢慢地，干扰就减少了，你的工作效能自然也会提高，你会更加从容地应对工作。

富兰克林说："你热爱生命吗？那么别浪费时间，因为时间是组成生命的材料。"

的确，无论你此刻是工作时间还是娱乐时间，其实你正在消耗的都是自己的生命。将自己最宝贵的生命投入到什么地方去？用自己有限的生命创造什么样的价值？如果，我们不用等到知天命的年龄才能体悟，而是在花样年华时就能醒悟，相信每一个人的生命都能够更加充实、丰盈、无悔。

小结

我们简单梳理了如何提高工作效能的方法。职场中，影响工作效能的有三个症状：

症状一，没有目标计划的向日葵症；

症状二，被小事频繁干扰的红点强迫症；

症状三，不见棺材不落泪的拖延症。

找到症结，我们可以向老板们学习用好时间的方法：

方法一，时间＝决定。优先处理最有价值的事情。

方法二，自己＝老板。自己给自己设定目标和截止日期。

方法三，效能＝投入。重要事情需要全情投入。

你也可以每天设一个意愿，决定今天的目标和意义。然后用可视化清单、三明治法、高质量时间块的方法来管理自己的时间，提高工作效能。

最终，其实最重要的还是逐步找到属于自己的时间管理理念和方法，到那时你才能够真正成为控制自己时间，主宰自己生命的主人。

延伸思考

请发出一个目标意愿，然后找到你自己提高工作效能的策略和方法。

老板不教我，我哪儿知道怎么干？

曾经有小伙伴跟我说过这么个困惑："工作中我常常遇到不懂的事，可是老板也不教我，我哪儿知道怎么干呀？公司应该安排体系化的培训。"而老板却说："我拿钱请你来，是让你帮我工作创造价值的，不懂你得自己想办法学呀，还等着公司来教？"

你不知道怎么干，认为公司应该培训，而老板认为公司不是学校，老板不是老师。这种不对称背后是对于"学习成长"的不同思维。

相比培训体系比较完善的外企，我们的民营企业，特别是创业公司基本没有什么完善的培训可言。那我们该怎么办？等着公司培训体系完善再成长吗？肯定不是，职场中需要通过主动的自我学习来完成成长。

那"牛人"都是怎么炼成的呢？我从诸多"牛人"身上发现了三种力量。也许这就是他们成为老板的看不见的资本。

第一，驱动力：学习是自己的事。

《刻意求变》一书的作者塔夫说，成年人30％的认知是通过正规教育和老师那儿得来的，多达70％的认知是通过自己亲身体验，牢牢掌握在自己手中的。

换位想一下，老板难道是先经过培训学会怎么当老板，然后才去上岗的吗？不是，是他们的梦想、目标、责任驱动他们主动学习，边做边学，边学边做。

所以，给不给培训是公司的事儿，你学不学习，成不成长那是自己的事儿。

第二，思考力：比知识更重要的思维模式。

《从0到1》这本畅销书的作者彼得·蒂尔一向以逆向思维著称，思考新维度，尝试新领域。他在2004年没人看好Facebook（脸书）的时候做了第一个天使投资人，用50万美元赚得1万多倍回报率；在美国大选中很多人不看好特朗普，他却是硅谷唯一看好特朗普的风险投资人。

当然，不是提倡非要反着来，而是需要独立思考，逐步形成自己的思维模式。

第三，成长力：用未来进行时培养能力。

老板们的共同点就是着眼于未来，他们不会只用现有的能力来判断和决定能做或不能做。他们相信人的能力有无限延伸的可能。

马云就是最典型的案例，曾经他开玩笑说："如果我一开始就知道搞个支付宝需要那么复杂的技术，也许我就干不成了。"

其实，老板们当年也都是从"菜鸟"开始的，是因为他们自带驱动力、思考力和成长力才有可能改变世界，人生逆袭。我们也可以学习这种成长思维，开启我们的自我成长之路。

有了成长型思维，我们可以从哪里入手，开始学习些什么呢？

第一，从项目出发，升级硬技能。

工作能力最直接的学习方式就是从实际项目中训练专业技能。工程师不断更新计算机语言，设计师不断升级设计软件，人力资源不断迭代管理工具。

第二，从能力需求出发，提高软技能。

比如，沟通能力、团队合作能力等企业所需要人才具备的软技能，你可以从岗位说明书的"胜任能力"中查到，可以和老板沟通，看看需要进行哪几方面能力的提升，也可以给自己提炼几个希望提升的软技能。

第三，从未来出发，学习新技能。

从自己的未来目标出发。比如我未来想当管理者，那就提前锻炼领导力；我未来想转行金融，那就提前储备金融知识。当然对于那些引领未来的新事物、新模式，比如人工智能、大数据、区块链等也都应该保持好奇和开放。

第四，从跨界知识中融会贯通。

记得著名经济学家钱颖一曾在清华大学经济管理学院MBA 开学典礼上说，未来人才需要"古今汇通、中外汇通、文理汇通"。著名投行高盛的 CEO，大学时期学的是历史专业，互联网科技公司 PayPal 的创始人也是哲学专业出身。他们就是融会贯通的成功典范。

知道了要学些什么，我们又该如何学习呢？

无论哪门学问都需要长期的积累和修炼，但找到有效的方法快速入门可以事半功倍。在咨询行业多年，我积累了一些快速切入新行业的经验，可以与大家分享一下，不过入门之后还需要你长期坚持学习和刻意训练。

第一，找到行业关键词。

我们首先要提炼出这个领域的几个关键词。别看有些人从网络、微信上看了很多信息，但这是没有提炼出关键词的泛读，并不是很有效。你可以先找到 1～2 本经典图书，仔细啃透，找到关键词。每个行业在趋势、技术、产品等方面都有自己的关键词，提炼关键词就是最快速有效的方法。

第二，站在巨人肩膀上。

模仿。比如，如果你是销售新人，当你不知道怎么跟客户沟通时，听听骨灰级销售是怎么打电话的；当你不知道报告怎么写时，看看公共盘里的模板是怎么做的；当你不知道怎么发邮件时，分析一下老板是怎么写邮件的。当然，如果你能够幸运地找到职业导师或者偶像楷模，也可以模仿学习。

问路。如果你找不到北，有时直接请教达人就很有效。比如，有一次我为了给幼教企业咨询，访谈了业内专家，特意转了一下幼教博览会，参加了相关沙龙。这些达人会告诉你快速入门的信息资源，同时有些人会带你进入行业圈，引荐专家等资源。

第三，刻意练习。

《刻意练习》一书研究发现，刻意练习是决定某人在特定领域或行业中最终成就的最重要因素。比如，学习商业决策的最好办法是自己每周做 20 次模拟决策，飞行员和军事的模拟驾驶训练也都是如此。我曾经也通过刻意练习，从数学班最后一名变成奥数冠军；通过镜子刻意练习，自如地做公众演讲。

第四，分享知识。

也许这个办法不一定对所有人都适用，不过我从高中开始一直到现在都用自我讲课或分享的方式学习。因为我发现教别人是最好的构建自己知识系统的方式。我有过梳理课件后系统升级的感觉，也有过那种讲着讲着就把自己讲明白了的体验。大家也不妨试一下。

小结

今天我们探讨了关于"自我学习成长"的重要性和方法。在这个变化的时代，我们在职场中应该像老板一样去主动思考和创新地学习，而不是被动地等着别人来教。

我们可以通过四个方法快速切入新的领域：

第一，整理知识找到关键词；

第二，请教"牛人"；

第三，刻意练习；

第四，把学习成果分享出去。

当你有了强悍的快速学习能力，那无论换成什么行业、什么工作也都不怕了。

未来的文盲不再是不识字的人，而是没有学习力的人。祝愿大家把工作当作成长的平台，快速自我学习，从"菜鸟"蜕变为"达人"。

 延伸思考

请找一个新领域的主题，整理出三个关键词，并把自己的学习收获分享给你的朋友。

默默出活就行了，还和老板聊啥呢？

在公司里，很多人对老板都是敬而远之。他们说："我不知道要跟老板聊些什么，也觉得没必要，能出活就行了。"那真的默默出活就行了吗？听听老板们怎么说："你都不找机会让我多了解你，甚至有些人我都不认识，你让我怎么用好你，给你机会呀？"

你以为除了工作之外的闲聊不重要，但老板却觉得还挺有必要的。这种工作之外的所谓闲聊，学名就叫"非正式沟通"。在职场中非正式沟通是非常必要的沟通技能，它不是八卦，不是拍马，是通过非正式形式轻松地谈话，相互增进了解。有时这甚至关系到老板对你的评价，以及你的职业发展机会。

我发现，那些不太善于和老板进行非正式沟通的员工，一般有下面的三种典型态度。

第一，老板不和我沟通，我就不和老板沟通。

有些小伙伴内向害羞，害怕和老板沟通。有些则是奉行

"我靠才华吃饭"，不屑和老板聊别的。不过在职场中，不是伯乐找千里马，而是千里马也需要自己走出去让伯乐看见。

第二，我和老板只能谈公事，其他没什么可聊的。

很多人倒也不是不愿意聊，而是除了工作，其他不知道该聊什么，怎么聊。

其实，除了谈点运营数据、客户名单，聊一些其他话题也可以。当然，如果聊私密的话题还是要注意场合和分寸的。但如果你成功和老板聊到不是所有人都知道的经历、感受等，那么你和老板的熟悉程度绝对比其他没有沟通的员工要深。

第三，下班打了卡，老板就是陌生人。

有些员工除了办公时间基本和老板没有互动。出了办公室，老板就是陌生人，而且要把老板从发美食、晒风景的朋友圈里屏蔽掉。

其实，你和老板就是"看似熟悉的陌生人"。而这个熟悉的陌生人却掌握着对你职业发展至关重要的一些机会信息、定岗权、绩效评价权、薪酬分配权等。老板希望通过闲聊这种非正式沟通多了解员工，选拔对公司发展有利的好员工。

所以，请走出你的办公桌小圈，也许是午餐时间，也许是抽烟时间，或是在出差的飞机上，找机会主动和老板多聊一聊，让你们彼此更加了解对方。

对于员工而言，闲聊并不是在浪费时间，而是三种难得的机会。

第一，是一次很好的倾听机会。

你知道老板最感兴趣的是什么吗？喝茶、健身、读书、跑戈壁、自驾游，从你们的聊天中，你可以听到他喜欢什么。倒不是为了送礼或者拍马屁，而是为了更好地理解他，也能够找到更多共同的话题。

你也可以倾听最近他有什么感受。比如竞标刚结束，老板很累很不容易，最近融资不顺，老板很焦虑很着急。你能够理解他的不容易、他的难处，就很容易获得共鸣。

你更要听他有什么期待。比如，过两天要开会决议方案，他对这个提案的态度是什么。其实老板在办公环境中不好直接告诉你，但在非正式的谈话中也许多少还能透露一些。

第二，是一次难得的分享机会。

你可以分享最近的动态，比如周末跑了个北马，通过了职业证书考试之类的，也可以稍微炫一下你的一些特长，从唱歌跳舞到一些小乐器都可以，让他看到你的各种精彩。

你可以分享你最近的所见所闻，特别是学习成长的心得体会。比如，你看过的有意思的书，对最新电影的感悟，近期参加的某论坛中的经典语录，等等，让他看到你的成长。

第三，是一次轻松的共识机会。

当你有反对意见时，会议桌上还是要给老板留面子的，特别是对于那些霸道控制型老板，如果你当场反对，效果并不一定那么好。反而事后找个轻松的场合提出来"老板，那个问题我有些不同看法，不知妥否"，也许老板会很轻松地接纳。

当你有新提案时，如果你是男人，就可以趁抽烟时间提前询问和打招呼，达成共识后，到正式讨论时就很容易得到老板的支持。如果你是女人，在茶水间的一次闲聊也可以。如果你与老板关系很好，能够一起下班后吃夜宵、喝一杯，那就更好了。

认识到闲聊背后蕴藏的机会，那我们应该怎样做到恰如其分地交流呢？

第一步，创造闲聊机会。

平时多关注老板的习惯、他的情绪变化，你就能够知道什么时候、在什么地方切入谈话会比较合适。

在我刚毕业那几年，我根据领导办公作息时间，几乎每天都在一个固定时间到他办公室简单聊上三五分钟，倒也没什么功利目的，有时聊近况，有时拿小话题辩论。现在想来，那时单位里有什么出国学习呀升职呀之类的好机会他都首推我，也许并不是因为我最优秀，而是因为我老在他视线范围内，能被第一个想到。后来我去英国读书的契机和推荐信也都是工作间隙聊出来的。

第二步，请教问题。

很多人不知道如何开启交谈，"请教"，也就是问问题是一个非常好的打开话匣子的办法。

比如，你可以问："老板，请教一下，这个项目竞标为什么是用 A 解决方案而不是 B 呢？"

　　我们的话题不一定是工作，也可以是电影、兴趣、生活等轻松话题。"老板，您能推荐几本好书给我吗？"

　　你也可以根据老板的偏好选择政治、历史等话题。"这次美国大选您更看好谁呀？"

　　当然，这些问题的难度最好适中，能让老板应对自如，别一下子提出让他比较难回答的尖锐问题，那就尴尬了。

　　如果你能自如地问问题、开启话题了，那你可以进阶到下一个层次。尝试一下"请教问题＋探讨看法或建议"。比如，"请教一下，这个项目竞标用 A 方案是不是因为这样这样的原因？我不知道我理解得对不对，我有个小建议下次我们可以这样这样做。"这种见解如果说到位，老板会一下子看到你的思考力和潜力。这样的一次刮目相看有可能会为你创造一些机会。

　　第三步，点赞回应。

　　如果老板跟你分享或者是给些有价值的建议，那我们要提炼总结并给予回应和感谢。也许回去路上给老板发个微信，把刚才谈话中的你的体会要点再梳理一遍，并表示感谢，是个不错的选择。

　　"老板，今天您关于人工智能的看法对我非常有启发，让我受益匪浅。非常感谢！"

　　还有一种积极回应的方式是"朋友圈点赞"。点赞不要只点赞，最好在评论里写上几句。如果老板在公司群里或者给你私信分享了一篇有价值的文章，那要第一时间读取并把心得体会分享给他。和客户也可以用这种方式互动，效果非常好。我曾经通过朋友圈点赞促成了与客户的合作，你不妨试一下，与老板、同事和客户都可以建立良性的互动关系和连接。

小结

这篇我们主要分享的是和老板的"非正式沟通"的重要性和方法论。

在工作中，其实非正式沟通能起到正式沟通达不到的效果。我们要积极主动地走出办公桌，创造闲聊机会，通过请教、探讨和点赞，把闲聊变成倾听老板想法的机会，展示你才华的机会，和老板达成共识的机会。最后，其实无招胜有招，我们只要专注地倾听、真诚地交流，和老板闲聊没那么难。

延伸思考

请你创造一次与老板的非正式沟通机会，并尝试一下用请教问题的方式开启交谈。

02

你觉得的

vs

老板觉得的

任务重，身心累，如何跳出职业倦怠？

我听到很多职场人都像说口头禅一样说一个字，那就是"累"。"时间紧，任务重，一想到上班就感觉好累，都不想干了。"

不过也请你想一想，当你这样状态不佳的时候，老板会是什么感觉？他感觉到的是，你打不起精神或容易发怒，工作不主动，还常常抱怨，满身的负能量。其实，这种状态学名叫"职业倦怠"。

职业倦怠，是 20 世纪 70 年代美国心理治疗学家弗罗伊登伯格提出的概念，是指一种由工作引发的心理枯竭现象。是上班族在重压下体验到身心俱累、能量耗尽的感觉。其实很多人并不是生理疲劳，而是心理疲倦。

据不完全统计，90%以上的人都经历过职业倦怠，这是一个正常的心理疲劳期。

那到底为什么会产生职业倦怠呢？主要有三大原因。

原因之一，工作环境失衡。

比如，工作高负荷、待遇不平衡、人际关系疏离等。这些职场中的压力都会导致你在工作和生活中的平衡被打破，进而出现职业倦怠。

原因之二，工作自主性与成就感。

大学刚刚毕业时，你是不是只是为了赚一份工资，草草决定进入一家公司，做了几个月发现完全不喜欢，不是你愿意继续奋斗的方向？

在银行工作的你，天天按部就班做重复劳动，会不会觉得很烦躁、很没成就感？

通常做不热爱的工作，或者重复性工作的人很容易出现职业倦怠。

原因之三，期待性压力。

就像没有永不断电的长效电池一样，外界看来进取心强、对自己要求高的人，有完美主义倾向的人，有时会更加容易出现职业倦怠。我自己就是这类人，在我的职业生涯中基本 3~5 年就会经历一次职业倦怠，会出现"我应该可以更好"的念头，从而产生不满和压力。

那老板们会不会有这种职业倦怠呢？当然会有。那他们会怎么看待这种状态，并克服瓶颈呢？通过观察，发现他们大多凭借三种信念的力量度过瓶颈期。

信念一：这是正常的心理疲劳期而已。

工作如同爱情，初期的新鲜和激情总是会随着时间而减退，早晚都会出现疲劳期。

据不完全统计，很多人会在工作 1 年、3 年、5 年、10 年左右阶段性地出现职业倦怠迹象。所以这是谁都可能经历的心理疲劳期，你需要坦然接纳，并与之和平相处，这就是"接纳"思维。

"接纳思维"，是应对情绪、饶过自己、理解他人、实现心理成熟的很重要的能力。

信念二：相信自己可以熬过黑暗时刻。

我曾经听过一次探路者集团董事长王静的演讲，印象非常深刻。她不仅是成功的企业家，更是中国顶尖的女探险家。她曾 9 次登顶 8000 米以上的山峰，其中 3 次登顶珠穆朗玛峰。在网上可以看到她的纪录片《相信的力量》。她说，当遇到风暴，遇到生死时，能够让她跨越那些黑暗时刻的最大的力量就是相信的力量。相信自己能登顶，相信自己的伙伴，相信去了一定能活着回来。

相信自己，相信未来，这就是强者们的积极的力量、相信的力量。

信念三：突破平台期就是最好的增肌期。

就像健身一样，你会遇到一段时间里一点长进都没有的平台期，但突破平台期的过程其实就是形成肌肉的过程。

前万科总经理毛大庆，曾在压力最大的时候得了抑郁症。后来他开始跑步，从 800 米到两公里再到 49 岁跑出 77 个马拉松。从马拉松的跑步过程中他悟出，人生也好，工作、创业也罢，都如同马拉松，通过不断突破自己，挖掘潜能，自己就会很惊喜。

这就是老板们的"成长型思维"。正因为有了成长型思维，毛大庆可以放弃千万年薪，重新创业优客工场，3年内创出了百亿估值的独角兽企业。

了解老板们应对职场倦怠的思维后，那我们该怎么打破自己的职场倦怠呢？

有人说工作不想干就跳槽呗。但是，在"跳槽是否能够缓解职业倦怠"的调查中，56%的人认为"只能缓解"，15%认为"完全不管用"。既然跳槽不能解决问题，那我们又可以做些什么呢？

基于老板思维中的接纳思维、相信的力量、成长型思维，给你四个帮助走出倦怠的方法步骤。

第一，不忘初心，形成愿力。

你可以重新回顾：当初为什么选择这份工作？自己得到了什么？这份工作的使命是否真的已经完成，还是因为自己在逃避挑战和压力？

如果初心依旧，依然爱它，那么强化愿景和使命，强化目标会有打鸡血效应。

第二，解决倦怠源，相信自己可以消灭它。

比如，如果是因为工作量太大，那么可以想想如何提高效率，或者找到救援队帮你分担一部分工作量。如果是同事关系不好造成负面情绪，那么可以想想有没有办法修复或者找老板和其他同事商量。

问题解决了，情绪自然也就解决了，你的工作状态自然就能进入良性循环。

第三，给自己充电，等待机会。

首先是给自己充能量。一些兴趣爱好是很好的能量源。比如，跑步或瑜伽就是很好的解压运动，也可以通过听音乐、画画、摄影等，给自己增添一些新鲜的变化和正能量。像我，每次感到倦怠时就会给自己一次旅行的机会，出去整理脑子后重新回归，状态就会不一样。

其次，充电学习。比如工作第一次倦怠期我出国留学，第二次倦怠期我去读 MBA。这样你解决问题的能力提高了，自然压力就变小了，还能找到新机会。

第四，改变环境，重新激活自己。

我曾采访过一个 500 强外企高管，问他："为何能在一家公司待超过 15 年？"

他说，其实不是他耐得住寂寞，而是他每隔几年就去申请轮岗，中间有一次想走却进入新项目团队，往返香港做项目，过了那段倦怠期，自己也升职了，也就不想离开了。

所以，如果条件允许，你可以主动申请有挑战性的任务、调整岗位或者地区，这样也许可以重新激活你。在外部寻找新的机会跳槽也可以是个选择，不过请注意，跳槽不能简单因为在 A 不爽，所以到 B，如果你克服不了问题，换第 N 家公司也还是会出现轮回。

最后，给你推荐一部张杨导演的电影《冈仁波齐》，讲的是几位藏民走过漫天飞雪的雪山，经历生死、朝圣修行的故事，这些平凡人的信念和意志非常令人震撼。其实，人生何尝不是一场修行，跨过倦怠，跨过雪山，你要到达的圣山会在那里等你。

小结

我们在本篇梳理了关于职业倦怠的概念和应对方法。

职业倦怠的主要来源是：

第一，环境失衡；

第二，缺乏自主性和成就感；

第三，对自己的高要求导致的压力。

老板们对待职业倦怠的思维是，接纳思维、相信的力量、成长型思维。我们可以基于这样的格局和心态，尝试实施如下四个行动指南：

第一，不忘初心，回顾愿景；

第二，解决倦怠源；

第三，通过兴趣爱好和学习，充电成长；

第四，通过轮岗或跳槽，改变环境。

延伸思考

如果最近你刚好工作状态不好，请找出让你感到倦怠的来源，并基于四个行动指南，尝试做一些调整。如果你没有倦怠问题，请思考梳理一下自己未来五年工作的愿景。

受委屈，遇挑战，如何打破玻璃心？

前两天，听一位客户老板无奈地说："现在的孩子们骂不得也说不得，怎么那么脆弱呀，被老板说两句就闹辞职，这样的玻璃心还能干成什么事儿呀！"

人在职场，被老板或客户批评、指责，那是在所难免的。那你会怎么办？跑洗手间哭着给男朋友打电话说"你养我吧，我不干了"？还是找哥们儿喝个烂醉，K歌到天亮？

那我们该如何打破玻璃心，踩过那一地玻璃碴儿，成为内心强大的职场人？

首先，来梳理一下，玻璃心的人的委屈来自哪里。

第一，来自自尊。

《恰如其分的自尊》这本书中解释说，有些自尊心特别强的人，特别是初入职场的新人，遇到别人对自己的挑战或者指责，就很容易"伤自尊"。但是这种看起来强自尊心的背后，反而有可能是缺乏自信，是"低自尊"的表现。

其实，真正有自信的人，他不会过于介意别人的评判。

如果对方的建议或批评是值得借鉴的，那么就改进。如果别人不了解情况，或者指责得不对，你就坚持你的观点。不用非要争对错，更不用动肝火、伤自尊。

第二，来自评判。

一种评判，是"对与错"的评判。"这件事儿明明是小王耽误了进度，凭什么老板说我？"你觉得是错在别人，自己是很冤枉的。我们很容易陷入二元对立的对与错的评判中。而其实，这个世界往往不是那么非黑即白，我对你错。如果我们能够走出"你对我错"或者"我对你错"的评判，而反观自己"我能做什么"，可以让事情有更好的结果。那么，谁对谁错已然不重要了。

第二种，是"应不应该"的评判。比如说，我以前的意识中就有"我绝不该遭受拒绝"，结果被客户拒绝了几次就受不了了。但世界上，谁又应该天生是王子、公主，被其他人伺候着、哄着、关照着呢？那些都是我们自己一厢情愿的期待而已。

第三，来自敏感。

"我的方案挺好的，凭什么不采纳？你是针对我的吧？！"

其实，老板压根就没想过要针对你，也许真的是你的方案没能满足客户需求，或者其实做得还不错，只是恰好另一个同事的方案各方面更合适罢了。

这种敏感的人，会用自导的内心戏，自己伤了自己的心。

了解了玻璃心的来源后，我们就来看看应该如何去打败它。有句话说得好："衡量一个人成功的标志，不是看他登到顶峰的高度，而是看他跌到低谷的反弹力。"

其实，我看到老板们比我们经历的拒绝、失败多了去了，他们怎么就没有被打败？他们内心强大的秘密在哪儿呢？就在于"心理韧性"。

什么是心理韧性？心理韧性是一种决定人如何应对各种情景下的挑战和压力的人格特质。它包含四个主要成分。

成分一：挑战——将挑战看成一种机会甚至乐趣。

特斯拉创始人埃隆·马斯克曾自述："所谓创业，就是嚼着玻璃凝视深渊。"他经过无数的失败及争议后，不仅做电动汽车，还造了火箭。对他而言，挑战就是发展机会，甚至是乐趣。

成分二：自信——自己给自己信任感。

记得刚进入清华 MBA 时，要选拔年度晚会主持人，对于朝鲜族的我来说，用中英文双语主持并不是有十足底气和把握的事。但内心我会告诉自己："我可以，没有什么不可能。"那种声音让我敢于挑战竞选，并超过专业主持人，站在了百年清华学堂的舞台上。如果我当时放弃，那就没有那一天舞台上精彩的自己，更没有因此而来的更多主持机会。最终我在毕业时还被选为与 Facebook 首席运营官桑德伯格同台做毕业演讲的代表。

成分三：投入——专注于完成某件事本身。

积极心理学有个概念叫"心流"，形容人们很投入地做某项事情的时候那种忘我的愉悦的状态，当出现心流状态时甚至会忘记时间的流逝。很多艺术家、科学家，其实他们做某件事情的目的不是得到别人的肯定或赞许，或者拿到多少回报，而是享受画画本身、研究本身，也就是享受工作本身所带来的愉悦心情。

所以，专注于工作本身，寻找到心流，别太在意别的因素。

成分四：自控——相信自己能够掌控自己。

《自控力》一书中说，人的大脑就跟肌肉一样，如果你经常训练数学，就会擅长数学。曾经，我自己就体验过每天练习奥数，突然有一天感觉自己有了一个飞跃一样。从奥数班最后一名，跨越到全国奥数冠军。而我并非天生聪明，只是经常刻意训练而已。

其实，思维和情绪也都是一样的道理。如果你经常给自己负面的情绪和思维方式，其实也会习惯。所以，尽量说一些正面的话，让大脑也适应积极思维。

了解了我们经过长期的自我修炼打破玻璃心的这四个方向，那短期内如何突破呢？下一次老板跟你发飙时你该如何应对呢？分享三个转念法。

第一，"我委屈"转变为"我接受，我承认"。

作为一枚有情绪的普通人，谁都知道被骂时的滋味不好受，这时候给委屈的那个自己拍拍肩膀，然后看看能不能转念。想想有没有什么地方是可以被接受和承认的批评。

比如，"虽然是小王提交数据晚了，但要是我提前督促也许就好了，所以我接受"。

"我承认，我做的方案在那几个方面真的可以提升一下。"

其实，哪个产品不是在一次一次的否定修改中成为爆款？哪个作品不是在一次一次地推倒重来后成为经典？人也是一样，如果你想成为精品，那就不断被发现错误和不足吧。

当有了这样的心态后，尽可能从问题中接纳不够好的自己，变得谦逊，尽可能在问题中寻找自己的不足，你会发现其实自己那点儿委屈也就不见了。

第二，"老板在骂……"翻译为"老板希望……"。

老板为什么骂你，那是因为有期待。所以，如果我们把"老板在骂……"翻译为"老板希望……"来倾听，就能够听出老板的期待和需求。如果你还是没听出来，那么请直接问老板："那您希望我在哪些方面修改，做得更好呢？"

本来只是澄清需求，多修改一个版本的报告的事情，你就因为老板语气不好，直接决定撂挑子了，这不把事儿闹大对你也没啥好处嘛。

第三，从关注"怎么对你"转到"怎么实现目标"。

滴滴总裁柳青在谈到对团队成员的期待时，第一点就是希望要有"心力"——放下玻璃心，换个钢铁的回来。因为在互联网快速竞争的环境下，老板需要的是解决问题的人，而不是被哄的人。

记得曾经有一次我去收项目的尾款，对方的财务人员态度极其恶劣。如果仅仅看她怎么对我，那我的小心脏肯定是接受不了，要快快撤退的。可是，当时我就想："我的目标就是要让她打款。"后来，财务说："你今天回去吧，我要去银行，不可能处理你的事情。"我就要求自己开车送她到银行，就在银行等着。她看到我如此执着，出来时说："明天开好发票来找我吧。"

所以，如果我们把心专注在是否实现目标上，而不是放在"他怎么针对我、整我"上，如果你确定目标，全情投入，那么老板或者客户说你两句就都不是个事儿了，因为你知道自己为的是什么。

世界那么大，一颗玻璃心怎能走得远？请勇敢打破玻璃心，修炼自己的心理韧性吧。

小结

这篇分析了职场新人常常遇到的玻璃心的问题。我们的玻璃心是来自过强的自尊心、不准确的评判和过于敏感。

要想克服玻璃心就需要有"心理韧性"。心理韧性有四个成分，需要在挑战、自信、投入和自控方面长期修炼自己。

当觉察到有玻璃心出现，就使用三个转念诀窍：

第一，从"我委屈"转变为"我接纳"；

第二，从"老板骂我"转变为"老板期待"；

第三，从"怎么对你"转变为"怎么实现目标"。

✎ 延伸思考

回想一下曾经自己玻璃心的时刻。用这篇讲到的三个转念法，思考一下如果是现在的你，怎么做会更好呢？

有机会，不敢上，如何突破不自信？

有一次我在客户公司看到，老板想指派一位年轻工程师A去给客户讲方案，他连忙推托："我不行，我做技术又不会讲话也没经验，要不让老李上吧。"

他出去后老板跟我说："不就讲个方案嘛，年轻人这点自信都没有，本来还想看看能不能培养成项目经理呢，现在看来时机暂时还没到哈。"

也许你是真不敢上，也许只是谦虚一下，老板却觉得你不够自信，这种感受的不对称，可能会直接影响到老板对你的评价，甚至关乎你的职业发展机会。

所以，职场中还是要靠自信去争取机会，虽然关于这个古老的话题估计你也听过不少鸡汤，但我发现缺乏自信依然是很多人的困惑。

其实我发现很多不自信是来源于我们过多的内心戏。首先，分享一下，通常我自己面对挑战时会有什么反应，看看你是不是也有类似的内心戏。

等待戏："我能力不够，等我准备好再说吧！"

一个人的自信程度与能力确实是正相关的。当我觉得自己没法游刃有余应对的时候，我第一反应就是，"既然能力不够，那等我准备好了，提高能力后再说吧！"后来，我发现，人生中就没有"准备好的时候"，机不可失，时不再来。

自信这个东西一半来自能力，一半是还没准备好却被推下去，在摸爬滚打中给补充填满的。如果你一直等待，那就根本没有机会填满那 50%。

所以，不要等到准备好，尝试冒险一次吧。

比较戏："我达不到要求，别人肯定比我做得好。"

一个人的自信程度来自于比较。怕达不到要求那是跟期待比较，别人肯定比我好那是和别人的比较。那我真的是那么糟糕吗？真的是不如别人吗？其实，未必。一个自信的人假如说他是 100 分的话，他会给自己打在 90 分到 110 分之间；一个自卑的人可能自己明明有 90 分，但是只给自己打 60 分。

那这种时候，老板们又是怎么想的呢？

新东方创始人俞敏洪老师曾经也是一个十分自卑的人，他是怎么解决的呢？俞老师做的第一件事就是思想解放。所谓的思想解放，其实就是"我不跟你们比了"，当他意识到"我就是我，我跟别人不一样"的时候，就变得越来越自信了。

所以，你就是独特的你，不要自己给自己打低分，也不要跟别人比较，勇敢挑战，享受过程吧。至于结果，那就尽人事，听天命吧。

恐惧戏："万一我做不好怎么办？"

一个人的不自信与害怕被评价有关系。我们害怕万一做不好，被给予不好的评价，也就是害怕失败。且不说，你不尝试怎么知道会失败，就算失败了，那又怎样呢？

《哈利·波特》的作者，著名作家 J.K.罗琳曾经被 12 家出版社拒绝，却一直坚持写她的故事。在一次哈佛毕业典礼演讲中她说，生活是困难的、复杂的，超出任何人的控制。一无所有让你专注于梦想，挫折所得的知识让你更加明智，困境的谷底成为重建生活的基础，这些才是真正有价值的礼物，能够使你历经沧桑后更好地生存。

所以，接纳失败，感恩失败，失败是你生命中很好的礼物。

了解了阻碍我们的内心戏，我们可以成为什么样的更自信的自己呢？先看看老板们心目中自信的样子是什么样的表现。一起来想象，画一个"自信的你"的自画像。

遇到机会，主动争取。

就像前面案例中说到的工程师 A，被委派时如果积极回应："老板，虽然我是技术出身，也没做过方案讲解，不过我愿意尝试一下，请多给我指导。"甚至，有时候当我们主动承担职责说："老板，这次的方案让我来讲解，您看行吗？"相信只要你不至于太差，老板都会给你机会，并觉得你很自信。

面对任何人，不卑不亢。

曾有老板这么评价我："小兰真自信，见谁都不怕。"确实，见到总统我也不会哆哆嗦嗦，见到董事长也不会不知道手该放哪儿，在体育馆里对着几千人演讲也不会说不出话来。不是因为我自己有多牛，而是我一直认为"他们有他们的世界，我有我的荣耀!"每个人的人生都没有可比性。另外，在其他人面前不去拿任何东西来显示自己有多牛，能够保持谦逊，我个人认为也是一种自信。

面对问题，从容不迫。

试想一下，如果你的工作经常出错，乱了方寸，你自己都对自己没自信，更何况老板呢？当我们面对林林总总的问题时，有着泰山崩于前而色不变的淡定，可以有条不紊地解决问题、胸有成竹地去执行的时候，那就是自信的你。

有了自信的自画像就有了努力的方向，就知道了自己的差距和修炼的目标。那作为切入，该如何开始塑造自信的自己呢？

第一，先从"看起来自信"开始吧。

曾经的我是 150 斤的胖姑娘，然而当我减肥成功，穿上干练的套装，以优雅的妆容、得体的微笑受到同事和客户的赞美时，工作上的自信度也增加了。

这是有科学根据的。研究发现，高颜值和自信的打扮，包括挺拔的站姿、坚定的眼神、洪亮的声音、自如的手势、轻快的步伐等都能让人看起来自信，而看起来自信之后，久而久之就真的变自信了。

所以，建议你可以先购买一面镜子，从得体打扮、自信微笑开始练起来吧。

第二，从小小里程碑开始。

我自己曾是个 800 米都不能跑完的人，所以当我一口气想跑 20 公里的时候基本就对自己没信心。但是如果给自己设立 2 公里、5 公里、8 公里这样里程碑式的目标，完成过一次目标之后下一次就不怕了。然后，我就能告诉自己"我可以"。

这种分解目标和流程的方法被斯坦福心理学实验室在克服恐惧症的实验中证明过。通过这种自我引导，体验小小的成功，就会让我们从恐惧到熟悉，再到惊喜。这是一个克服恐惧、建立自信的好办法。

第三，跌倒，起来！然后重复！

请你回想一下小孩子是怎么学习走路的。是谁培训过他坚强站起来吗？不是！是他自己通过模仿父母走路，尝试之后不断跌倒，然后站起来，再跌倒再站起来。终于有一天，他从这些跌倒中锻炼了肌肉，掌握了平衡，真正站立并迈开人生第一步。

其实，我们自己又何尝不是这样呢？我们天生就有这个基因，从痛苦中学会坚强，从打击中突破自己，成为更好的自己，更强大的自己。所以，能够让你自信的肌肉，都是在一次一次的撕裂中练出来的。

所以，在跌倒和重复中提高能力，成为更好的自己，就是走向自信的避不开的过程。

我每次去企业讲课，都会发现 80％以上的小伙伴会选择后排位置就座。也许是希望自己不太显眼，也许是不敢大胆往前坐，但其实都是不够自信的表现。我希望更多的小伙伴们能够自信地主动争取机会，告诉自己"我可以，如果现在不可以，未来也一定可以"。

小结

这篇强调了职场中"自信"的重要性并介绍了提高自信的方法。

之所以缺乏自信，是因为自己的内心戏，包括"自己认为能力不够""害怕比较""恐惧失败"。所以，要勇敢给自己尝试的机会，自己定义自己的价值，敢于面对问题、解决问题。

有了这样的信念，你可以从三个方面切入，训练提高自己的自信心：

第一，从"看起来自信"开始；

第二，分解目标，从小小里程碑开始，告诉自己"我可以"；

第三，像小孩子学走路一样，跌倒，起来！然后重复！

延伸思考

找一项工作或生活中的小小挑战，设一个里程碑式的小目标，尝试运用文中的方法鼓励自己，开始突破它。

工作烦，总生气，如何搞定负面情绪？

有一次和客户的员工们一起开研讨会，有位同事因为跟我们意见不合就开始非常生气，激动之下还拍桌子，甩本子。为了缓解气氛，我们只得暂停会议稍作休息，席间老板跟我们说："你们别介意啊，这个人平时跟同事也是经常发脾气的，人倒是不坏，就是情绪一上来自己控制不住。所以，虽然业务能力不错，但也一直没能提他做管理。"

工作中，你的情绪不仅影响到气氛，甚至还可能会影响到老板对你的评价、你的团队关系以及职业发展。所以，情绪管理是一门非常重要的必修课。

据说，哈佛商学院最受欢迎的课不是金融，不是经济学，而是积极心理学。在我上清华 MBA 期间，在清华园里这门课同样也很受欢迎。为什么这门课那么火爆？正是因为，在快节奏、高负荷的职场里的你，又或是每天走钢丝般的创业的你，都会在工作中遇到负面情绪。

那负面情绪在职场中有哪些影响呢？我们隔空来一个角

色扮演游戏。

请你想象一下，眼前的你此时此刻就坐在老板的椅子上，看着对面狂发脾气的员工，来回答接下来的三个问题。注意，现在你是你老板的角色。

第一个问题：当员工向你发脾气时，你有什么感受？

你会觉得舒服吗？你会觉得他理解你吗？你会觉得他尊重你吗？在此刻的感受下，作为老板的你能安静地听进去对面的人在说什么工作议题吗？

沟通中"如何说，比说什么更重要"，如果用闹情绪的方式表达不同观点，其实沟通效果并不会理想，对方也很容易卷进情绪旋涡里。职场中，老板不是老爸老妈，没有义务也不可能对一个闹脾气的小孩耐心地安抚和讲道理。

第二个问题：情绪化的员工，你会觉得他职业吗？

昨天跟男朋友吵了架，今天上班打不起精神，明天就罢了工不出活。

遇到投诉就焦虑得不行，干脆请个病假人间蒸发。

同事之间遇到个小分歧，就怒气冲冲找老板理论。

你觉得这样的员工可以委以重任吗？

显然不会。老板会觉得：

1. 你不够职业，工作之外的一些情绪太容易影响工作。

2. 你能力不够。面对问题和挑战，找不到解决办法才会很焦虑。

所以，公司不是情绪垃圾站，闹情绪解决不了问题。

第三个问题，你觉得负能量的员工对团队协作好吗？

有人天天抱怨："钱少活多离家远。""隔壁 A 公司还有出国旅游福利我们都没有。"这些抱怨会影响同事都跟着没心情吃饭。

有人还天天唱衰："这个项目我们肯定竞标不上，那个进度我们肯定完不成。""今年行情这么不好，我们肯定撑不过去。"

团队中的负面情绪如同"病毒"，会蔓延到整个团队中，无法让大家拧成一股绳——面对目标士气昂扬，面对挑战勇敢前行。这样的病毒肯定不是老板想要的。

所以，老板希望你能够给团队带来一束阳光，带来正能量，而不是雾霾的空气。

既然老板不喜欢情绪化的员工，那么我们就要开始学会管理负面情绪，以更加积极的心态应对工作中的问题。

其实，我们所遇到的客观事件本身并没有对与错、好与坏。情绪，来自我们大脑中的认知和信念导致的一些评判，而不是事情本身。我们自己常常有不合理的信念，只是我们从来没有意识到过。分享一下比较普遍的三种信念模式，看看自己有没有"中招"。

第一，"必须"模式。

我们常常将"希望""想要"等意愿，绝对化为"必须""应该"或"一定"等极端的要求和标准。

比如，"我必须比别人强""别人必须对我好""定下来就一定不能改"，等等。这种不合理的强迫信念不仅引发焦虑，而且当与现实相悖时就会让我们感到难以接受，非常容易钻牛角尖而出不来。

第二，"总是"模式。

回想一下我们是不是常常把"有时""某些"等同于"总是""所有"呢？

比如，"对面那个同事总是针对我"。

"财务部总是卡我们的报销。"

"所有男人都不是好东西。"

这样以偏概全的指责会引发敌意，包括我们对自己。有些小伙伴犯了几次错误，就沮丧地认为"我总是犯错，我什么都不行"，全面地否定自己。

第三，"极端"模式。

比如，"我没考上大学，一切都完了"。

"这次没当上处长，再也不会有前途了。"

"这次项目失败，我们以后再也没有翻身的机会了。"

这种糟糕至极的信念，很容易让人一蹶不振。

可能很多人都没有意识到，这些藏在脑海里的信念模式就是导致负面情绪的根源。那该怎么破除这些负面情绪呢？情绪管理中，有一个方法叫"红绿灯法"。

第一步，红灯亮：觉察到自己的情绪，并接纳它。

达尔文在《人和动物的感情表达》一书中提到，负面情绪提供了快速预警和自我保护机制。如果没有恐惧，我们面对危险就不会逃跑；如果没有愤怒，就不会与敌人战斗。其实，负面情绪也有它自己的积极意义。

所以，首先要觉察到自己的负面情绪，并接纳它是人类的一个正常反应。然后，如果你能够感受到自己的情绪已经过度了，就主动亮红灯，给自己片刻的暂停和深呼吸。因为，当你陷入情绪的旋涡里，你无法做出正确的决策，更不能理智地解决问题。

第二步，黄灯亮：正确地表达情绪和期待。

管理情绪的关键在于怎么表达。生气了就激烈地骂人、砸东西？郁闷了就消极地不说话，玩消失？情绪背后是不被满足的期待，是不合理的信念。所以，我们可以以更适合的方式抒发自我情绪，或者真诚地告诉对方自己当下的感受，以商量的方式表达真正的期待和需求。

同事给数据晚了，你很生气就怒吼："就因为你总是提交这么晚，我们的报告出不来。"这样发脾气肯定会让对方也生气，更加不配合你。如果你以商量的方式表达感受和期待，如"亲爱的，报告截止日期快到了，我很着急，都开始焦虑了，你看可不可以帮忙先处理一下那部分数据给我呀？"这样，同事自己反而会觉得内疚，一般不会拒绝。

所以，不是让你一味地压抑情绪，而是应该用正确的打开方式表达诉求。

第三步，绿灯亮：积极地转身。

我们的情绪来源于不合理的信念，那让我们掉个头，将负面的信念转化为积极的信念，多加训练，开启积极模式。

出了错，怎么办？金无足赤，人无完人。

总挨骂，怎么办？这时候恰恰是我在成长时。

受委屈，怎么办？塞翁失马，焉知非福。

是人都有情绪，但不能被情绪左右。改变了不合理的信念，断了"必须、总是、极端"的信念模式，找到积极转身的方向，看世界的心情也会大不一样。

小结

这篇讲述了如何解决负面情绪，如何管理自己的情绪。所有团队都需要带来正能量的、能够控制情绪的员工。情绪来源于我们"必须、总是、极端"的不合理的信念模式。

当负面情绪来的时候，你需要情绪"红绿灯"：

红灯亮，觉察自己的情绪，并接纳它；

黄灯亮，用更加平和的合理的方式表达自己的感受和诉求；

绿灯亮，将负面的信念转化为积极的信念。

延伸思考

最近有没有让你生气的事情，复盘一下，如果是现在的你，可否运用"红绿灯法"更好地处理呢？

总紧张，想回避，如何克服社交恐惧？

在我的"管理沟通"企业内训课中常常有不少学员说："我觉得我就是干实事儿的，不擅长跟人打交道，一跟人聊天就很紧张，有压力，很想回避。"

而老板们觉得："你不会跟人打交道怎么行？没有谁可以单打独斗的，哪怕你做技术，也需要对内对外的资源配合你，所以每个人都需要具备职场社交的能力。"

为什么有些人不愿意甚至恐惧职场社交呢？比较典型的有三种心理活动，看看你自己属于下列哪类人。

第一类，孤傲系。

"我干好工作就行了，还要搞什么社交和人际关系嘛，没必要，不愿意。"

这类人只把关注点放在"做事"上，觉得与人打交道浪费时间，没必要，极端一点的同事甚至不怎么融入团队。

第二类，尴尬系。

"我该怎么切入话题呢？不知道说什么，好尴尬。"

　　你是不是属于到了社交场合浑身不自在，倒也不是不想交流，主要是不知道该怎么切入，一开口也很容易把天聊死，所以断定自己不善交际，严重的会导致社交障碍，索性就回避这种场合。

　　第三类，自尊系。

　　"别人都那么牛，我啥都不是，我认怂。"

　　你遇到"牛人"时，是不是觉得人家都那么牛，生怕自己说些弱弱的话被人瞧不起，或者常常有那种在一个局里没法插话，自己都没有存在感和价值感的经历？久而久之，也就缺乏信心了。

　　其实，这些心理活动我自己都曾经经历过。后来在我开始研究优秀管理者的胜任能力的过程中，我发现不关注"人"的因素，只关注"事情"的人往往都很难升级为优秀的管理者。也有统计发现，善于职场社交的人，获得资源和发展的概率会更高。

　　其实，职场社交关键的三个价值在于：

　　第一，社交可以为你打开一扇门。

　　你觉得"社交无用"，其实有时它会帮你开启一扇门。这扇门有可能是一次工作机会、一项合作资源、一个新的领域，等等。

　　比如，我进入培训行业就是通过在欧洲旅行中交流得很尽兴的一位朋友介绍了自己的前老板，第一次接受专访是公益活动中认识的记者给写的。

所以，请留意社交中的信息和机会，有时也要主动发布需求和求助，说不准有贵人相助。不过请注意，固然职场多少带有功利社交的意思，但如果你的交流纯粹是为了交换利益，那不仅你会得不偿失，而且其实对方也能感知到，并不能建立好真正的人脉关系。

所以，让"无用关系"为你开启一扇"机会之门"吧。

第二，社交网络可以成为助力职业发展的高速公路。

你觉得"我表现好"就够了，但职场需要"大家连接"。

所有的工作都不是孤立的，即便做自由职业也需要团队来合作。比如，就拿这本书的同名线上课程来说，就是我和"企业日课"创始人在无意的聊天中碰撞出来的。后来，团队分工协作，包括项目的整体策划、内容编辑、渠道商务、小程序运营、音频视频的录制等一系列的事情都需要小伙伴们一起沟通协同。我和他们通过吃饭、聊天，一起更好地提炼用户需求，更好地提炼我的特质，因此我们做线上课就提速了很多。

职场中包括团队的老板、同事、下属以及外部的合作伙伴在内的关系网络，就好比职业发展中的基础建设，如果平时就建设好高速公路，等你进入赛道时就会很容易加速。

第三，社交帮你画更大更多的圈。

耶鲁大学校长在 2018 届毕业典礼上的演讲题目是"画更大更多的圈"。他认为，如果你只喜欢和有相同故事、类似观点的所谓朋友相处，那么你的世界就会很窄。通过画更大的圈，了解和包容不同人的观点，不断填充认知，会让你拓展新的世界。他还分享说，通过对音乐的热爱他建立了超出故乡、学校和专业的另一些友谊圈，这种不局限于工作的更多的圈，可以成为消极时的缓冲器，也为丰盈的人生提供了更多可能性。

所以，有价值的社交，能帮助你拓展认知圈，让你更加包容和理解这个世界，甚至给你更多人生的可能性。

了解了职场社交的价值，那么我们在具体的职场社交中该如何切入话题避免尬聊呢？分享一个"别具匠心"社交法。

"别"：关注别人和让别人关注你。

首先，我们要关注别人，找到共性，因为人类本能地都喜欢同类。比如，大家常常问："你是哪儿人？哪个学校毕业的？"其实都是在寻找共同点。如果你通过信息和倾听，能够发现更多共同点，就能很容易地切入话题并产生共鸣。

其次，如果你希望别人关注你，那就要展示特性。比如，做自我介绍时，如果你只是不疼不痒地说我是谁谁谁，在哪里工作，那你很可能就会被埋没在人群中。如果你能介绍自己的独特标签，比如，你是最会做菜的工程师，或者你的独特经历，例如当过兵、驻外非洲什么的，或者是爱好，例如喜欢潜水、烘焙都行，那么获得别人关注的可能性就会更高。

有人会说，我就没啥特别的，那你需要换个视角看自己。每个人都有闪光点和优势，只是你没发现或者没觉得有价值而已。

"具"：以赞美具体亮点为切入点。

社交中，开场切入话题的一个很好方式就是赞美他人。别觉得这是拍马屁，如果赞不好那是拍马屁，赞好了会让大家都很舒服，因为每个人都需要被认可、被尊重。为了不成为拍马屁的人，赞美具体的事实和亮点就很重要了。

比如，"你很漂亮"就可以改为"你今天的胸针好别致，在哪里买的"或"你今天脸色看起来特别好，最近一定有什么好事吧"。

"你太牛了"就可以改为"你今天报告里那句……真的一语中的，真有见地"或者"听说你这次在 500 人里拿了销售冠军，真的好厉害"。

有具体的事实、具体的数据，你的赞美就不会显得虚。

"匠"：匠是专业的意思，所以最好请教对方擅长的问题。

社交中，大家都愿意聊自己的专业或者擅长的话题。

当你不知道自己该如何切入时，可以请教对方擅长的专业领域的问题。

比如，"你是人力资源专家，我现在遇到……问题，可不可以给点小建议呀？"

"听说你是旅游达人，我下个月想去海岛游，有没有好的推荐呀？"

"看你平时跑步健身，想问什么时间段健身比较合适呀？"

请教问题既开启了话题，又给了对方面子，自己也不需要长篇大论。

"心"：诚心和虚心，外在表现就是保持微笑，保持好奇。

大家以为社交就是要有很好的口才，其实不然，不是必须会侃才受欢迎。你不需要侃侃而谈，长篇大论，而只需要保持微笑，保持对对方的好奇，倾听他人的故事，给予及时的回应和点赞，你会很神奇地发现，不用多说话也可以获得对方的好感。

最后，其实无招胜有招，如果我们带有一份真诚的能量，其实不需要用什么技巧，就可以感染你周围的人，也可以吸引到愿意结交你的人。祝愿你迈过对社交的恐惧和偏见，开启正确的社交模式，建立和拓展自己的职场人脉圈。

小结

这篇阐述了职场社交的价值和切入话题的方法。

职场社交可以帮你开启新的机会，加速你的发展，让你接触到更大的世界。

所以，请放下你的孤傲，克服你的尴尬，跨越你的自尊，挖掘社交的价值吧。

如果不知道该如何开启社交模式，那请用"别具匠心"法则，通过关注对方、赞美他人、请教问题并保持真诚与好奇心来帮自己突破社交尴尬。

 延伸思考

　　在下一次社交场合之前，想想如何用"别具匠心"法则切入话题，开启社交模式。

很迷茫，很浮躁，如何解决职业发展焦虑？

在我做个人成长的教练辅导时，朋友和学员们问得最多的问题就是关于职业发展的困惑。

"我感觉不喜欢现在的工作，要不要换工作呀？可是我又不清晰自己的职业目标，对未来好迷茫、好焦虑。"

当你带着焦虑的情绪工作时，你的老板其实也是有感觉的。因为，这种情绪会让你无法踏实地全身心投入，会影响你的工作表现。

其实包括我自己在内的几乎每个人，甚至是那些看起来光鲜亮丽的投行白领都曾经经历过或者正在经历着职业迷茫和焦虑，所以你不是一个人在焦虑。

我们首先来盘点一下，是什么让我们产生了焦虑。

落差：理想很丰满，现实很骨感。

本以为自己可以进入世界 500 强或上市公司，可是面试屡遭拒绝；

本希望自己做有技术含量的工作，现实的画面却是做着端茶倒水、卖场码货、录入数据等枯燥的工作；

本以为熬个两年就能升职，结果到现在还是"苦哈哈"的一线员工一枚。

你发现，这个世界压根没有钱多、活少、离家近的工作，更没那么容易给你一条快车道，让你一切都顺风顺水。

比较：没有比较，就没有伤害。

大学毕业五周年聚会，突然发现同桌已经升经理，月入好几万；

同时进入公司的部门同事都升职成为自己的上司了，也没觉得他有啥特别；

工作了几年之后发现，连自己的师弟师妹都要超过自己了。

你发现，论资排辈的时代已终结，不知不觉自己就被超车了。

未来：没有目标和激情，未来也不确定。

随便找份工作赚点工资吧，可这种工作找不到激情和热爱。找真爱吧，却不知道目标是什么，找不到让你觉得一辈子要投身的事业。还有，一想到未来还要买房子、养孩子、照顾生病的父母，感觉未来也很可怕。

发现了吗？严峻的现实、残酷的竞争、看不见的未来，就是造成我们焦虑状态的元凶。其实，在企业发展过程中，老板们也面临着企业的现状、竞争和未来的风险等困惑。那他们有没有什么法宝可以应对这些问题呢？

首先，为什么老板们似乎个个都是打不死的小强？

小米上市之前，网上流传过董事长雷军 5 年前在街头给路人发传单的照片。在创立小米之前他已经是成功带领金山上市的职业经理人，从头再来创业，初期也是很辛苦的。他在一次采访中说："其实过去我遭受的挫折非常多，我觉得帮你度过挫折和坎坷的，第一肯定是梦想和信念，你有这个东西才能让你真正内心无敌。"

所以，你觉得工作很苦，但有了梦想就能快乐地做别人觉得苦的事情。

其次，为什么有些人比别人更快地成功？

湖畔大学梁宁在"产品思维"课程中讲到，10 年前毕业于同一所大学的两个同学，一个进入地方的钢铁企业，一个进入腾讯，两个人的发展和成长速度绝对是不一样的。固然，每个人的成功是综合因素作用的结果，但顺势而为确实会对你的发展起到重要作用。

所以，跟着"时代大趋势"的大面一起飞起来，而不是在你自己的一个"点"上死磕，很重要。

再次，他们不惧未来，不怕死吗？

全球最大的手机摄像头制造商的董事长曾跟我说："别看我们已经做到全球最大，但我每一天都在思考死亡，思考死亡是为了更好地活着。"这家已经包揽苹果、三星等著名品牌手机内置摄像头的中国制造商，就是因为在最辉煌的时候思考死亡，准备抵御风险，成功开辟了汽车安全领域，才得以在智能手机出货量急剧下滑的大形势下也能继续保持增长。

其实每一个个体又何尝不是这样呢？这年头，没有铁饭碗，所谓铁饭碗就是去哪里都能混饭吃。所以向死而生，全力以赴，提前布局就是最好的拥抱未来的方式。

老板们用梦想抵抗挫折，用顺势加速发展，用提前布局准备未来，这些思维其实都可以用来解决我们自己的职业发展焦虑问题。所以，我们借用老板思维总结了解决职业焦虑问题的三部曲方法论。

第一部曲：找到幸福工作的大方向。

通常有人建议要找到职业目标，而我觉得如今世界变化太快，具体某个职业的好坏也瞬息发生着巨大的变化，像新媒体、网红等过去压根儿没有的职业都应运而生。所以，不一定直接定死一个职业，而是定一个大方向。只要在大方向上相对一致的工作都可以尝试。

这里我们分享一个清华积极心理学研究里的模型。请你拿一张大白纸，按下面的说明画三个圆圈。

第一个圆是价值圈，就是你在乎什么，比如金钱、名誉、成长、爱、自由都行。

第二个圆是快乐圈，什么让你快乐，比如，对我而言，讲课分享、帮助别人是一种快乐。

第三个圆是优势圈，你擅长什么，比如，数字分析、沟通能力、说服力等，圈里的形容词或名词越多越好。

最终的目的是找到这三个圆圈的交集。三个圆圈的交集虽然不是一个单词，或者直接告诉你某个职业，但它可以帮你找到幸福工作的方向和标准。比如，几年前我做完这项测试后出现在交集里的词是"自我成长和帮助别人成长"，所以我就决定致力于和管理相关的教育方向和公益方向。定了大方向，当我遇到一些工作机会的时候，我就能淡定地选择和放弃，且对自己的决策笃定。

第二部曲：找到职业锚。

职业发展如同航海中的船，当它在一个时期没有目的地地漂流在海上时，就会很容易随波逐流，所以，我们要在上面确定的大方向里，找到更为具体的职业锚。

比如，"这三年我就要在互联网运营里深耕"，"未来五年我要在人力资源领域里成为最全面的专家"，或是"未来三年我要在教育领域里开始创业"。当你确定了职业锚后，就热爱它，全身心投入，这时就会很容易出成绩。即便哪一天你拔锚驶向下一站，设定下一个时期的奋斗目标也是可以的。

第三部曲：把当下的任何工作做到极致。

讲个故事，十多年前在世界经济论坛入口处，一个女生积极地为上千个参会人员打印胸牌。打印胸牌看起来毫无技术含量，但她积极地接待每一位嘉宾，把各行各业来宾的姓名、公司抬头、照片等信息都尽可能地记住，还现场帮助企业解决问题，把这份工作做到极致。不忙时也翻开日程议题了解学习，还认真听论坛做笔记。

这就是我自己当"菜鸟"时的真实写照，后来正是因为对嘉宾的准确了解，对议题的熟悉，我得到了为美国前总统老布什、世界经济论坛主席施瓦布以及国务院国资委、全国政协等领导人担任外事翻译的机会，也胜任了给媒体撰写新闻通稿的工作。两年的时间我很快成长为亚太地区项目主管。

我的体会是只要带着积极的心态、思考的大脑，任何简单、烦琐、无聊的工作都有可以发挥你价值的空间，机会也就会随之而来。

当我们有了大方向，有了职业锚，快乐地做当下的工作时，就不会觉得焦虑，也不会在乎暂时的输赢。心安定了，工作自然会更加得心应手。

小结

"职业发展焦虑"是我们在职业发展旅程中必然会遇到的阶段性状态。如果你暂时没想清楚，也不用过度焦虑，可以试试这个"三部曲"的方法：

第一部曲，不断思考，为自己找到幸福工作的大方向；

第二部曲，在一定时期内，确定职业锚；

第三部曲，把当下的任何工作做到极致。

在我们用宽松的心态接纳焦虑的同时，我们也要为不确定的未来提前布局，不断提升自己，这样无论未来如何，我们都可以淡定从容地面对。

🖊️ 延伸思考

　　找个安静的咖啡馆的角落，认真地放一张白纸，画一下幸福职业圈，就是价值圈、快乐圈和优势圈，认真思考一下幸福工作的大方向。

03

你以为应该的

vs

老板以为应该的

能力强悍，快速升职，却开始压力山大？

在工作中，对于某些概念的认知，比如绩效、薪酬，以及很多时候你认为应该的和老板认为应该的，都是有差异的。包括同样是市场主管的抬头，你对工作角色的定位和老板认为你应该充当的角色可能也是有差异的。

所以，我们先来聊一聊工作中关于"角色"的定位问题。

某学员发微信说："我刚刚升了职，可当了个小团队的主管却反而不知道怎么工作了，老板也很不满意。"

我也听过老板们的困惑："真奇怪，他本来能力很强的，怎么给他升了职却不行了呢？"

其实，看起来做的是同部门的工作，但升了职，其实是换了个"新角色"。你不能仅靠复制原角色的工作方式和经验来工作，而是需要适应新的变化，更新认知，升级胜任力。

那我们会面临什么样的新的变化呢？新角色通常会面临"三大变化"。

变化一：新定位。

据统计，60％的新晋管理者一年后的绩效考核表现是不合格的。为什么？原来你好比是一只强悍的独狼，现在给了你一群羊，而你看不惯慢腾腾的羊，根本没耐心："算了算了，还不如我自己上手得了。"其实，这是你没能给这些羊定好目标和责任，你把自己累成狗，下属却没啥长进，整体业绩也不见起色。

作为管理者，我们要从认知层面上升级，从"自己干"向"让大家一起干"转变，要知道老板需要你成为领头羊。

变化二：新问题。

有一位企业的CEO说过："我请你来是解决问题的。"过去，也许做好老板交代的任务就好，现在你已经从1层爬到了更高层，你有没有洞察和发现新层面的问题呢？

首先，你站在更高层，那就应该发现底层业务的新问题，并找到解决方案。

其次，你站在更高层，就应该思考管理层面的问题。从思考个人的业务问题，转变为思考团队协同的流程、管理问题。

所以，老板需要你从被动"执行任务"转变为主动"解决新问题"。

变化三：新价值。

在完成好规定动作的前提下，你有没有为这个团队带来或创造什么新价值呢？

比如，你是不是可以组织大家提出新的创意方案，突破以往固有的推广方式？你有没有推荐新的人才，让团队强大起来？你能不能引入新的技术培训，可以让小伙伴们一起学习提升研发能力？

总之，你有没有带着创新思维，改善现状，提高业绩，让老板觉得，因为有你，所以不同？

面对上面三大变化，老板对于人才的胜任力的期待要求也发生了变化。虽然不同企业对具体的人才标准会有所不同，不过在未来人才需要具备的核心能力上，有四个方面的共性。

第一，从"专才"到"跨界人才"，需要快速学习能力。

华为创始人任正非说了一句经典的话，"企业需要人才的'东北乱炖'"。过去，一招鲜、一技之长就可以混一辈子。但现在，很多企业面临变化，经常会让一些员工挑战新的领域。所以，即便你是专业型人才，在自己岗位上也需要不断学习升级，让自己准备好跨界的能力。

第二，从"解题者"到"题目设计者"，需要分析与解决问题能力。

如今企业面临的很多问题都是新的，是没有正确答案的。所以，企业需要的人才是通过洞察，主动发现问题并解决问题的题目设计者，而不是等待老板指示的简单执行者。

第三，从"合格"到"冠军"，需要创造性思维和快速尝试能力。

很多行业每天都在被颠覆，用户的要求也越来越高，激烈的竞争中人们只记住"冠军"。因此，不是简单要求合格地完成任务，而是要通过创造性思维和快速尝试能力，迅速实现自我突破。

第四，从"业务"到"管理"，需要团队沟通与协调能力。

从单打独斗到团队协作，从业务到管理，我们都需要更加关注"人"，思考如何通过协同"人"来管理"事"的问题。

我们分享一个案例：客户公司的一位产品经理，公司安排他负责产品设计研发的同时，还要他承担产品推广。承担新角色后，他通过市场调查和竞争分析，主动提出公司应借助新媒体的力量进行差异化推广。他主动向老板申请组建新媒体运营小组，同时自己快速了解学习小程序、技术软文撰写、新媒体运营等知识。当他成为产品经理里最懂新媒体的、新媒体运营里最懂产品技术的，老板必然会重用，没过多久就升职为产品总监了。

看到了吗？当你在新角色里快速学习、主动发现问题、创新地解决问题、与老板沟通、与团队协作，就能做出成绩来。

你可能会说，我也想快速转变，可不知道从何着手。建议当你升职或者承担新角色时，先不要盲目匆忙地按老方法往前冲，新人要先请教"老人"，也就是老板、老前辈和老员工与老师。

第一，老板，是最好的 GPS 导航仪。

你要清楚地理解他对这个岗位未来工作的期待。如果你已经有了对未来角色的定位和设想，那么最好提前沟通清楚，达成共识，并请求支持。如果你的想法不完善，或者不清晰，你也可以让老板帮你捋清楚，并给一些建议和提示。

第二，老前辈和老员工，是最好的仪表盘和历史数据。

如果这个岗位有前任，要是可以的话，和前任沟通，交接以前的资料，请教经验，看看有没有什么坑需要躲，等等。如果没有前任，那就找其他做过类似事情的或者同一个团队的老员工，听听他们对现状和未来的看法和建议。

摸清楚历史是为了更好地创造未来，摸底会帮助你找到新问题、新价值，这样你才能做到与众不同，也能超出前任到达新高度。

第三，老师，是最好的垫脚石。

快速学习和创新的第一步，是站在巨人的肩膀上。找到该领域的专家，有可能是资深同事，也可能是外部专家，或者是像我这样的分享者们。这些人已经为你梳理好知识体系，可以帮助你快速建构知识树，也许还可以启发你不同的认知升级。

有些公司有"导师制"，如果没有也没关系，我每到一个地方都会暗暗找到导师，其实也就是"牛人"榜样，观察他们如何思考，如何解决问题。从模仿到创新，这是很有效的成长方式。

过去百年管理强调"分工"，但现在管理强调"整合"。可以预见不久的未来，组织所需要的人才会越来越综合和创新。企业对未来的人才要求是主动洞察、快速学习、创造性尝试，通过团队沟通创造价值，实现组织和个人目标。

小结

这篇是关于对"新角色"的认知不对称。当你进入新角色时，需要适应三大新的变化：

第一，从自己干变成大家一起干；

第二，从执行任务者变为题目设计者；

第三，为团队贡献新的价值。

所以，一旦你被任命为新角色，不要盲干，而是要先请教老板、老前辈和老员工与老师，他们可以给你提供更切实的信息，加速你的成长。

延伸思考

给自己或身边的朋友现在或即将承担的新角色明确定位，找到新问题或者想出新想法，分别尝试与老板、老前辈、老师进行沟通交流，相信你有意想不到的收获。

没有功劳，还有苦劳，老板凭什么辞退我？

一位学员郁闷地找我："我为公司勤勤恳恳工作了将近五年，老板竟然跟我谈让我离开，我没有功劳，也有苦劳吧。"

其实，老板们也不情愿裁员，有一次讨论裁员名单，我的客户老板就很痛苦："小王平时工作态度很好，很努力，但绩效成绩总是不好，现在公司需要大幅降低成本，只能让她离开。"

因为身处人力资源行业，所以我看到过很多公司的裁员，而且也亲身经历过。从 500 强公司到小公司，大部分都是会裁掉绩效差的员工。所以，首先我们要搞清楚什么是绩效，如何才能在这个随时可能面临职业断崖的时代，通过创造价值在公司立足。

首先，来分析一下，为什么自己觉得很辛苦、很努力，却拿不到优秀绩效。那就首先要了解清楚绩效的评判标准。通常情况下，老板们是如何判断绩效的好坏的呢？

老板不是看你"做了什么"，而是要看你"做成了什么"。

大家都看世界杯，在球场上，一个球员辛苦跑了 90 分钟，流了一桶汗，却一个球都没进，还被对手打得落花流水，甚至有时还进个乌龙球，喊苦劳有用吗？没用！

竞技场上胜者为王，职场上也是如此。工作就是要有产出结果，不能苦哈哈地做 N 次无用功。当然，所谓产出也未必是直接赚钱，也许是你改进的新版本产品，也可能是你起草的制度、流程文件。

老板不仅看你"做成了什么"，还要看你"做对了什么"。

比如，一家半导体公司的几个销售辛苦跑了大半年，确实也跑出了几个客户。可是公司的战略目标是要从电源业务转型到新能源业务，这几个小客户不符合转型方向。同时，公司要实现利润从 3000 万元到 1 个亿的跨越，而他们跑半天小客户而非拓展渠道模式，浪费了人力和时间。这就是所谓的做成了却没做对。

组织的存在是为了实现组织目标。你的辛苦是否匹配公司整体目标就很重要。如果方向不对，你做成了事情那也是浪费了公司资源。

即便你"做对了"，也要看"成本"。

做任何事情都需要消耗资源，包括人、财、物等都是成本。

比如，人力资源主管设计和安排了个培训，固然主题是大家需要的，也请了顶级讲师，学员反馈很不错。但在一家小公司一天花五六万元，那是多奢侈的事情啊！

所以，做对的事也要考虑投入产出比。

有些老板不仅看业绩，还要看"人品"。

阿里巴巴、京东等一些企业都在绩效考核中纳入价值观考核。也就是不能为了追求业绩，做违背公司价值观的事情，更不能凭着自己"牛"，影响了整个组织的管理和文化。这也是为什么老板在面对那些特立独行的所谓"牛人"时，在特定情况下，也会断臂保全大局。

因为大部分组织是团队作战，比如，古希腊战场中亚历山大大帝的马其顿方阵之所以名震江湖，就是因为从步兵到骑兵所有人都紧密配合，而不是杂乱无章地单打独斗。

所以，在整体布阵中站好位置，并协同好团队关系也是一种好的绩效表现。

发现了吗？你以为努力就好，其实你并没有真正懂得老板看重的价值。那所谓"价值"到底具体指的是什么呢？

谈到价值，在组织管理范式中，我个人比较推崇日本"经营之神"稻盛和夫所倡导的"阿米巴经营"。其本质就是公司成为共创和共享价值的平台，激发个体内在价值。其实，每一个个体何尝不是一个阿米巴小单元？也即自己就是一个创造价值、交付价值、需要控制成本、创造利润的小单元。

公司就是你的客户，你需要持续创造价值交付给老板。那我们需要创造什么价值呢？你需要攒到四张价值牌，如果你有了这些牌，企业就不可能随随便便抛弃你。

第一，财务价值。

顾名思义，就是你为公司要么赚钱，要么省钱，这是最直接的贡献。

销售可以打单，财务可以理财、投融资，采购可以控制成本。如果你是在政府、非营利组织，也可以在增加财政收入、赞助筹资等方面贡献价值。

第二，资源价值。

你是否能带来客户、渠道、技术专利等资源？很多投行招聘富二代也是看中了他们这些方面的资源。当然，对于我们这种草根来讲，平时借助工作机会经营好自己的人脉圈，未来关键时刻说不准还可以变现成为你的资源价值。

第三，团队价值。

你是否是老板最为信任、最得力的帮手，老板一有重要事情就想到由你来承担？或者你是否是意见领袖，你的离开甚至可以带动几个同事一起跳槽？这种人老板动起来也是要考虑一下的。总之，你的存在，在团队的联结中很重要。

第四，成长价值。

都说人才是资产，但你是否正在加速折旧呢？

所有企业在发展过程中都会阶段性人才换血。比如俞敏洪的新东方也有过几次大换血，甚至是辞退自己的亲戚。因为，初创期、成长期、上市等各种阶段都需要不同级别能力的人才，如果你的成长没跟上，那真有可能进入清理名单哟。

有了上述四张价值牌，我们如何在绩效管理中体现自己的价值，赢得老板的器重呢？有些人可能会认为绩效管理制度就是用来考核的，但实际上，用好公司的平台和机制，你完全可以积累自己的资本，为自己开辟职业发展机会。

把绩效指标当作风向标。

很多公司都在用关键绩效指标（俗称 KPI）的方式来进行考核。实际上，老板想要什么，就会考什么。所以，这就是风向标。

如果不采用这种考核方式，那至少会有年度目标或者更长远的愿景，也许逐层分解到个人，或者团队。那么，目标和现状的差距，就是你可以创造价值的空间，也就是你努力的所谓对的方向。

把绩效沟通当成一堂课。

企业并不是闲着无聊考大家玩，引入绩效管理制度也无非是为了绩效改进，这难道不是最好的学习过程吗？如果你所在公司用 360 度评价，让你的老板和同事给你评价，也可以相对客观地看到未来你需要积攒的关系价值在哪里。

把绩效考核当成一场秀。

也许小公司老板一眼就能看到谁表现好，但在大组织中，如何脱颖而出，让老板知道你的价值呢？绩效考核就是最好的机会。当然，你要呈现的成绩并不是强调你多么辛苦地加班，而是亮出你的老板想看到的价值。

把绩效记录当成一张牌。

绩效结果通常会用以激励，也就是作为升职、加薪、评优、股权激励等激励手段的评价依据。当然，连续的绩效结果差，也会成为调岗、减薪甚至裁员的依据。

所以，好的绩效记录是在攒交易的筹码，如果没有看得见的这些牌，你凭什么让老板给你升职加薪？又凭什么在被动离开公司时谈到更好的赔偿方案呢？

当你左右不了公司的管理机制，就积极利用好管理过程，为自己立足于公司，增加职业价值、积攒资本吧。

小结

不管公司是否有规范的绩效管理制度，每个人都会涉及"绩效"。"绩效"就是你为公司创造的价值，包括财务价值、资源价值、团队价值和成长价值。

有了这四张价值牌，你可以让绩效管理机制为你所用：

一、把绩效目标当作风向标，明确自己工作的方向；

二、把绩效沟通当作一堂课，改进自己不足的部分；

三、把绩效考核当作一场秀，让老板看到你的成绩；

四、把绩效记录当成一张牌，以备应对劳动争议。

了解公司需要什么价值，再去努力积累自己在职场中的价值牌，相信你在任何平台上都能站稳脚跟，创造价值。

延伸思考

对照四个价值，看自己还缺哪个价值，有没有什么改进计划？

辛苦一年，不涨工资，老板会为什么买单？

"你对现在的薪酬还满意吗？"

这是我们人力资源管理咨询访谈时必问的一个问题。有意思的是，通常超过一半甚至更多的人会选择"不是很满意"，基本没人填"特别满意"，大家都认为自己辛苦，需要涨工资，可老板真的会为你的辛苦而买单吗？

"薪酬"，在职场和管理中都属于较为敏感的话题之一。对于薪酬高低，不同行业、不同公司也有不同的价值观和做法。但作为员工，如果我们掌握了薪酬的原理和其中的部分规律，能够有策略地工作，就能让自己走上高薪之路。

首先，解答一下人力资源咨询中被问频率最高的三个问题，看看你自己有没有过类似的困惑。

兢兢业业当牛做马，老板应该涨工资了吧？

对你来说，薪酬，就是收入，越多越好。而对于老板，薪酬，那是成本，是投资，投入产出比越高越好。这是永远的博弈。

那么这个平衡点在哪里？就在老板失掉你的机会成本。一般来说，核心员工离职会给企业造成 1.5～3 倍工资的损失。所以，你产出越多价值，老板的机会成本越大。

在关于"绩效"的篇章中，我们分享过你应该积累四张"绩效价值"牌来换取加薪，也就是财务价值、资源价值、团队价值和成长价值。

所以，老板不为"辛苦"买单，而是只为你的"产出价值"买单。

过去一年我项目做得不错，老板应该涨工资了吧？

不好意思，那不算。事实上，你过去的成绩固然重要，但那已经体现在你过去的工资单里了。那什么才算？

第一，未来能看得见的价值。

你过去是有功劳，可是你后劲不足，创新不足，能看得见你未来跟不上公司的发展。比如，通常很多老功臣，或者一些家族企业中的亲戚朋友都有类似问题。

第二，稳定地创造价值。

比如，偶然有一个创意或一个客户，老板很可能只会给你发一次性奖金红包或别的福利。只有未来可预期的、可持续的稳定能力，老板才会用涨工资来留住你、激励你。

所以请记住，老板不为"过去"买单，而是只为"未来"买单。

凭什么新来的小李都比我这个老员工工资高？

从经济学角度，入职时的定薪基本遵循"供求关系决定价格"的原理。

比如，几年前苹果 iOS 平台上的技术人才，这两年人工智能、大数据方面的技术人才的薪水都涨得特别猛。BAT（百度、阿里巴巴、腾讯三家公司的缩写）在市场上横扫人才，甚至连国企都打破自己的工资体系，开了绿灯用高薪吸引人才，他们的工资甚至比老板还高。

所以，老板是为资源"稀缺性"买单。咱要么发愤图强让自己值钱，要么就认了。

总结起来，就是老板不是随随便便看谁顺眼就给准涨工资，而是会为产出价值、未来价值、稀缺价值买单。

其实，我们每个人都是"产品"，薪酬就是一个时期的定价。你这个"产品"的效用和老板这个"用户"的需求越匹配，就越能有个好价钱。所以，当你有机会"路演"，比如工作汇报、岗位述职时，都不要忘了，拿事实、摆数据来让他相信"你是品牌产品，过去很牛，未来更牛，而且市场上同类产品量少价格高，买你很划算"。

如果说老板是你的客户，那么现在摸清了客户需求，接下来看看老板是怎么看待这个交易的。关于薪酬，有如下三个定律。

定律一：薪酬是拿来吸引人的，可高薪想吸引的永远是"高配"人才。

一个组织决定薪酬水平是有不同策略的。比如，华为在早期就采用领先策略，也就是同样岗位的薪酬比市场大部分企业要给得高。别的企业给大学应届毕业生 4000 块，华为就给 8000 块来吸引高潜人才。也有些公司会采取跟随策略，和市场保持差不多水平。也有那些只给某些关键人才提供高薪，其他都采取跟随策略的公司。

但不管公司采取什么策略，任何公司都希望吸引高配人才。所以，如果你是高配，如名校出身的学生会主席、前500 强核心部门的项目经理、拥有专利的技术大牛等，那恭喜你，你可以在市场价格涨到高点时选择往高处走。但如果你只是普通配置，有时只能靠"拼低价"来谋求占个坑，当然啦，低开高走的逆袭我也见多了，关键是你要不断升级配置。

所以，能把吉利卖出劳斯莱斯的价格是你的本事，但快速升级成为真正的劳斯莱斯才有的高配才是王道。

定律二：薪酬是拿来留住人的，可几乎没有人是不可替代的。

虽然钱不是员工留下来的原因，但钱没给到位，人们是要离开的。

想必有些人也用过"不给加工资，我就走人"的招数。也许你成功过，但建议这招不到万不得已尽量别用，即便用了也别经常用。离开了任何人，地球照样是转得了的。

所以想谈工资，可以！但请用积极的沟通方式，而不是威胁的谈判方式。

定律三：薪酬是拿来激励人的，可现金是有限的。

对于公司，工资总额是要控制的。所以就出现了个概念叫"全面薪酬"，也就是除了经济性报酬，包括工资、奖金之外，还有广义的报酬，比如，高大上的办公环境、国外旅行、孩子商业保险、送你去读 MBA 等各种五花八门的福利。

所以，别总是只盯着现金，除了现金之外，别忘了拿你的"价值牌"还可以换取这些其他报酬。

其实，除了和耍赖老板通过"一哭二闹"的方式涨工资，大部分情况下，高薪之路是一个长期的系统工程，需要从一开始找工作时就整体规划，也需要通过有策略地工作，开辟出高薪的路径。

路径一：锚定好行业、好公司。

锚定什么行业和公司，选择甚至比努力还重要。比如金融、互联网行业整体薪酬水平就比传统制造业要高。现金流充足或估值高的公司也是好选择，试想一下，如果公司利润不到 5%，怎么可能给你涨薪 20%？

不过，即便这样，在工作选择上，我个人还是不主张简单粗暴地向钱看，只是当你在几个选择之间纠结时可以拿这个标准衡量一下。

路径二：选择核心部门，提高岗位价值。

我的一个朋友在 GE，原本做后台技术支持，后来抓住机会去了销售部门，没过多久升职为主管，一年内收入翻番，到第三年，就不是一个量级了。

看到了吗？横向是去到核心部门，纵向就是员工升为主管。如果没法调动部门，那就到本部门的关键岗位，成为关键人才。

因为，在薪酬设计中，"岗位价值"是付酬的基础变量，岗变薪变。

路径三：提高绩效，挖掘潜力。

很多公司岗位都分职级，比如工程师序列分为 10 级，你从 3 级升到 6 级肯定涨薪。通常情况下，公司都会采用薪酬宽带设计，也就是同样的岗位，薪酬的最高位和最低位还是有差距的，这部分空间是可以通过高绩效来争取的。

你说，我们公司没有绩效薪酬体系，那你除了把工作做好之外，也许可以多承担其他职能，比如，把会计和行政都一并干了。当老板想到如果没有你，还需要两个人来替代你时，那你就做到了让他相信用 1.5 倍报酬来用你比花 2～3 倍成本用两个人要划算。

所以，即便岗位不变，也让自己成为公司不可或缺的高级别人才吧。

路径四：跟对老板，赌长期回报。

小米创办初期，CEO 雷军设置了三类弹性工资：一、工资；二、70％工资＋股票；三、生活费＋股票。15％的人选择了原来的工资，70％的人选择了"70％工资＋股票"，还有 15％的人选择了"生活费＋股票"。如今，小米上市，0.1％的股份都会得到 1 亿美元的回报。

薪酬是相对稳定的，但也是有限的，是有玻璃天花板的。这也是为什么有人愿意选择跟随创业者，因为一旦公司上市就会一下子赚回几年辛苦钱。

这也是一场赌博，需要舍弃眼前工资，博一把长期的高回报。

最后，还要有情怀。薪酬固然重要，但绝不是我们工作的唯一目的和你的全部价值。所以，建议你追寻自己内心的热爱和自己定义的人生价值，在那个领域里做到极致，薪酬便是自然的回报。

小结

薪酬，对于个体而言，是"你"这个产品一个时期的定价。

想把"自己"这个产品卖好价钱，就要符合老板买单所需要的三大价值：产出价值、未来价值和稀缺价值。

想获得高薪，需要正确的选择和长期的策略。你可以通过四个路径来涨薪：

路径一，找到高薪行业和公司，这是大前提；

路径二，进入一家公司的核心部门或关键岗位；

路径三，成为公司的高绩效人才；

路径四，跟对老板选择创业，高风险，高回报。

延伸思考

对照老板付酬的三大价值，看看你在哪些地方还可以有涨薪的空间。

你是人才，却没机会，老板真的不识千里马吗？

我们在招聘会上看到乌泱乌泱的人，而老板们却喊着招不到合适的人。

有员工很不理解老板宁肯高价挖来管理者，也不肯提拔忠心耿耿的自己。

你觉得自己是个人才，老板却看不到你的价值。这样的不对称背后，其实是对于"人才"的定位和认知不同。

那到底什么是企业所需要的"人才"？首先，来看看公司里有几类所谓人才。

人才：才能的"才"，就是具有专业能力，单打独斗可以，但无法融入团队或者成为团队领导者。

人材：木材的"材"，工作态度很好，能力虽不够但有潜能，是块可雕琢的料，需要培训和培养。

人裁：裁员的"裁"，要么能力不行，要么人品有问题，需要裁员。虽然有些人不一定马上被裁掉，像长期领工资不干活或干不好活，这些顶多能称之为"人手"的人，根据企业经营状况早晚也会被辞退。

人财：财富的"财"。有胜任力，有创造力和成长力，这种人为公司创造财富，也是公司的财富，这也是老板们求之不得的真正的人才。

我们可以对号入座一下，看看自己属于哪类人才。

通常，每家企业在不同发展阶段，每个不同管理风格的老板都有自己独到的人才观和人才策略。在小企业里，老板一眼就能看出谁是可用之才；在大企业里，通常会通过人才盘点项目来提炼人才标准，指导招聘，挖掘高潜人才，储备干部，等等。

我也参与过一些企业的人才盘点项目，在做人才盘点过程中，就发现很多人有几个误解，我们需要澄清一下。

误解一：老板需要最优秀的人。

在《非你莫属》做人力资源顾问时我就发现，职场新人或硬实力不够牛的人在求职面试、岗位竞聘中往往表现得不够自信。

阿里巴巴早期，从来不去清华招工程师。阿里最优秀的工程师，基本都毕业于华中科技等非顶级的学校。马云曾说过："平凡的人做非凡的事情，阿里不追求精英文化。"确实如此，如果只招牛的，不招对的，如同波音 747 引擎安装在拖拉机上一样，不匹配就是浪费。

所以，对于刚毕业或正在找工作的人而言这是好消息，你可以很自信地向老板做个证明题："我是你最需要的。"而不是"我是最牛的"。

误解二：老板不识我这块金子。

你真的是老板想要的金子吗？在员工访谈以及 360 度绩效评价中，人们的自我评价往往高于他人评价。这在心理学上也有科学根据。

为什么我认为自己做得很好，老板却不满意呢？因为，你没有真正理解和满足老板的期待，你的交付与老板的期待不匹配是所有公司里都存在的问题，就这个问题，会在下一个模块"期待"部分详细分析。

这里想友情提醒，你自认为自己是块金子，也许老板认为你顶多就是块石头。

误解三：努力干活，老板应该能看到千里马吧。

人才是要为企业创造价值的。那么在绩效好的基础上，今天我想说的是，在职场中，不是伯乐发现千里马，而是千里马要自己想办法让伯乐看到。

斯坦福大学组织行为学教授研究发现，那些与老板距离更近，更能引人注目，勇敢地呈现自己成绩的人更容易获得提拔和权力。

所以，主动让老板知道你是千里马，而不是等待被发现。

误解四：业务能力强就会被升为管理者。

现实中，很多人都是从业务骨干升为管理者的。但实际上，管理者的胜任能力素质中更重要的其实不是业务能力，而是领导力和团队精神。

比如，我曾经遇到一个技术特别牛的研发骨干，论技术他绝对是天才高手，可他非常孤傲，开会讨论他不听取他人意见，甚至还睡觉，同事们对他很不满。另一位技术水平虽然没他牛，但可以号召和带动团队共同解决问题，所以就成为研发经理。

很多人误认为，在被提拔前不需要具备领导力，等升为管理者了自然就发挥了。实际上，是你先体现出了领导力才有可能被提拔为管理者。

所以，如果老板不肯提拔你，或许是因为你没能体现出领导力和团队精神。

澄清了这些误解之后，如何让自己成为组织里的关键人才呢？组织如同水池，如果你想如鱼得水，发挥自己的潜能，成为对组织有价值的关键人才，就要像学游泳一样学会如下四个基本动作。

动作一：选择泳池，找到匹配自己的组织。

首先要了解你所在的或者你将要去的组织的人才观。公司会选择招聘什么特质的人？推崇什么样的人作为优秀员工和储备干部？这些都能看出人才观。

比如，某出版社认为"敬业踏实""团队合作""专业严谨"是员工应具备的通用能力素质前三甲。而一家房地产大数据创业企业会选择"自驱动力""拓展创新""数据分析能力"作为人才标准。

发现了吗？同样的人，到不同性质和发展阶段的企业，不一定都被认为是人才。所以，找老公老婆要三观匹配，找工作更是如此。

动作二：选择泳姿，定位自己，做到极致。

不是所有人都愿意当领导，也不是所有人都需要当领导。有些人是数字"1"字形人才，在自己专业技术领域里深挖成为专家。有些人则是横着的"一"字形人才，涉足跨界，斜杠青年。有些人则想成为"T"字形人才，既要专业也要扩展领域。没有对错，只有选择。

所以，要先找到适合自己的定位，并按公司倡导的人才标准，寻找差距，通过不断自我反省，做到态度上、能力上的极致。

动作三：主动担当，辐射影响力。

即便你暂时不是领导，也要首先让自己拥有领导力，这样才能更好地做好你的工作。

分享个小经验，我们在咨询项目会议中，如果我把自己定位为下属，那么这个会议就成为"下属将自己整理的资料上交，由上级检查"的会议。但如果是把自己定位为领导的会议，就会是"整理资料的我，为使自己的结论更加完善，向上级和成员展示成果"的会议，从而既呈现出自己的能力，也获得更多信息和团队支持，这两种效果是截然不同的。

所以，要敢于站在白板前，展示自己的优秀。

动作四：积攒人品，获得老板和团队的支持。

工作上，要学会和老板聪明地提要求。比如，邀请老板站台搞定客户，你可以在提出解决方案时就说明希望获得资源支持。即便被拒绝了也没关系，这会给老板加深印象。

平时，你还要多攒人品。攒人品有效的方法就是力所能及地帮助他人，解决有价值的小事。比如，聚餐后顺路送同事回家、帮助搬家、主动分享有价值的信息之类。在同事中建立积极的个人口碑，这是你成为意见领袖，成为真正的领导者的群众基础。

总而言之，人才是组织中最宝贵的资产，老板恨不得每一个人都是他所希望的人才。但现实中，谁也不是天生就是人才。利用好组织的平台，找到适合自己的定位，主动担当，不断提升自己，相信所有人都可以把自己锻炼成有价值的人才。

小结

人才，对于不同组织有不同的定义和标准。如果你不匹配其需求，你自己再怎么认为自己是人才，也无济于事。

从另一个角度讲，在某种意义上每个人其实都是千里马，关键是要找到适合自己的组织。

但光找到匹配的组织还不够，还要学会让自己如鱼得水的方法：

方法一，定位自己，做到极致；

方法二，主动担当，释放影响力；

方法三，积攒人品，获得团队支持。

延伸思考

通过和老板沟通，提炼出你老板的"人才观"——他认为的人才到底是什么标准。

不肯授权，总插手管，如何搞定"深井病"老板？

你有没有遇到过什么事都不授权，亲力亲为，还管得特别细的老板？

我就遇到过，他插手到什么程度呢？他就站在我背后看我写邮件，如果需要我跟谁联系，他会先给我模拟一遍台词。后来让我负责个项目吧，说好让我全权负责，然后又操心，各种过问。"说好的授权呢？为什么领导总是插手呢？"刚开始我反感地消极应对，反正领导要改，就等着指示呗。

后来我才知道这种现象是组织中的一种病，俗称"深井病"。注意，不是神经病，是深深的深，水井的井。意思是老板不授权，插手太深，员工只会等待指示。

在很多公司，我发现无论是老板还是员工，对于"授权"其实并没有很清晰的认知，甚至有些误解。很多老板其实也想放手，也觉得管得很深很累，却无法放手。那我们首先换位想一想，为什么老板不愿意或不能放手呢？基本上原因有三。

原因一：不信任。

最典型的，很多民营企业老板都会让家属或亲戚朋友担任财务负责人，并且超过多少钱必须要审批。我见过最离谱的是收入过亿的企业，超过 1000 块就要让董事长签字才能支出，当然这种过度依赖老板的公司必然走向衰败。

原因二：不放心。

老板说："我也想授权呀，可怕事情搞砸了。公司那几个人能力不够，还不到授权的时候。"还有人说："我是授权了，可是拿上来的我得全部重做，还不如自己上手有效率。"也就是对员工的能力以及交付的结果不满意、不放心。

原因三：不舍得。

曾经一个客户老板跟我说："你们倒是把我解放了，可现在下属不给我打电话，还别说我反倒真失落了。"其实，老板也需要存在感和价值感，当然也有一些大公司老板需要通过塑造他的重要性，确保在组织中的地位和权威。

我的清华 MBA 导师、著名人力资源副教授王雪莉老师曾说过，她给清华 EMBA 班讲课，频频出去接电话的老板通常都不如没有电话骚扰的老板管理企业管理得好。因为，公司离不开你，事事必须你来解决，说明管理机制没铺好。所以，在组织管理中"授权"是每一个管理者都需要学会的功课。

那作为一个员工，授权这事跟我有啥关系呢？肯定有关系，甚至关乎我们自己的职业舞台空间。

首先，只有老板授权了你才有机会发挥自己的才华；

其次，只有老板授权了你才能亲自上阵快速成长；

再次，只有老板授权了你才能尝试创新的想法。

所以，更好地理解"授权"的含义，不仅可以与老板好好相处，对自己未来做管理也有好处。

那我们看看你认为的授权是不是真正的"有效授权"。我自己因为纠正了下面四个对授权的认知，结果能够积极应对那个"深井病"老板啦。

第一，授权不等于甩手掌柜。

比如，在项目中，老板就算授权给你，也不是意味着老板不闻不问，当甩手掌柜。老板承担他的角色，你配合你该配合的工作才是有效授权。所以，老板过问点事情，你也不要立马反感地认为他在插手。

当老板在承担把控方向、调整策略等老板应该承担的角色职责时，那都是正常的管理。

第二，授权不等于无限授权。

举个例子，在我的一家客户公司，老板让小李负责设计项目的竞标，从组织团队、竞标方案，到跟甲方谈判，小李都自己组织实施。最后他们中标了，按理是件好事，可老板却不高兴，因为过低的报价和垫资的合作模式让他们很被动，而小李在过程中并没有和老板商量就自己决策了。

所以，所谓授权都是有限的。即便让你全权负责，即便没有明文规定，你也需要判断关键问题是否需要经老板同意，起码要提前告知。

第三，授权是为了应对不确定性。

华为创始人任正非曾做过题为"让听得见炮火的人决策"的演讲，强调"让一线发现目标和机会，及时发挥作用，后方配备先进设备和优质资源来支持，而不是指挥战争"。

那既然授权的目的是减少不确定性，那么一线的我们就得想尽各种办法让老板感觉到因为你的存在而增强了确定性，这会帮助你争取到更多的权限。

第四，授权授予的不仅是权力。

实际上，授权赋予的更多的是责任。

我认识一位在 500 强快消品公司很能干的销售经理，当老板让他分管几个城市的渠道时，他不管团队目标，通过窜货来谋取私利，没过多久被总部内审，不仅被开除，还差一点蹲监狱，再想跳槽同行业基本不敢用他了，断送了大好前程。

所以，请不要给你权力就滥用，权力要有原则，做人要有底线。

理清了"有效授权"意味着什么，我们又如何让老板授权，给自己创造更多空间呢？秘诀就是要给老板"四个感觉"。

第一，理清边界，让老板有意识感。

当你接受责任的时候，和老板沟通确认人、财、物、事四个方面，哪些部分、多少程度是你可以决策和掌控的，有什么样的权力和责任。

不过请注意，在一开始你还没有建立足够的信任的时候，不要刻意争取更多权力，只需要澄清边界就好。这个确认动作也是向老板强调，他是授权了的。

第二，主动给望远镜，让老板有掌控感。

人们的恐惧和不安都是来自于看不清前方。那就主动给老板望远镜吧，让他看见整体进程。

我曾负责一个国际峰会，我特意用非正式的方式，比如吃饭、茶歇时和老板分享项目进展，汇报关键问题和解决方案，项目结束后还做了个正式的总结报告。我当时定位自己为项目导演，所以不是事事请示，而是让老板当观众，阶段性地观摩过程和成果。后来，一两次的案例下来，老板基本上就不太过问了。

所以，不要被授权了就自己闭门造车，让老板看到你造车的过程才是证明你能力的过程。

第三，主动提出要求，让老板有参与感。

作为导演，主动让老板扮演角色吧。比如，有些甲方的人邀请他出面搞定，有些资源请求他帮你调度。老板的参与既能够让他有被需要、被尊重的感觉，也会让你项目的重要系数提高。同时之前也提到过建议你主动向老板提出资源支持要求，不管成败也会增加老板对你的关注度。

当你把老板变成你的资源，而不是约束你的绊脚石时，你会发现他的价值。

第四，不滥用权力，让老板有信任感。

海底捞的店长拥有很多授权，很有趣的一个权力是店长可以给顾客免单。但一个店长曾经告诉我，他根本不会随意用这个权力。当他特别负责地对待权力的时候，老板反而会很信任地给他更多权力。

信任是需要一定的时间和经历才能积累的，也给老板一些时间来建立彼此的信任吧。

总而言之，授权，既是老板希望的，也是员工希望的。授权需要通过良好的沟通机制和技巧方法，彼此增加了解，才能更加信任，最终达到双赢的目的。

小结

有效授权，不是让老板当甩手掌柜，而是意味着你和老板各司其职。

那我们如何赢得老板授权呢？让老板有四个感觉：

第一，理清边界，让老板有意识感。

第二，主动给望远镜，让老板有掌控感。

第三，主动提出要求，让老板有参与感。

第四，不滥用权力，让老板有信任感。

工作中，你要学会当导演，让老板当观众看到你的专业，也可以让老板串个角色支持你，用成功案例积累信任，相信老板会越来越多地授权给你。心有多大，舞台就有多大，预祝你未来获得更大的舞台。

✏️ 延伸思考

在最近的工作或项目中，尝试用四个感觉法，给老板创造意识感、掌控感、参与感和信任感，主动争取老板的授权。

朝九晚九，疯狂加班，啥时候能实现时间自由？

我一个朋友刚从国企跳到互联网金融公司时说："我们公司 996 上班制，朝九晚九，一周 6 日，还狂加班，真受不了，很郁闷，啥时候能实现时间自由呀？"

我也听到老板们无奈地说："现在的员工下了班根本不接我电话，不回我微信。我还不能凶，担心明天员工不来。"确实，有钱能使鬼推磨的时代已经过去了。

其实，这种矛盾背后，是"时间"观念的不对称。

随着时代的变化，人们对"时间"的认知也发生了改变。地铁里，公交车里，机场里，我们随处可见被时间赶着往前走的现代都市人。每个人都非常忙碌，每个人都希望自己掌控时间，却无奈人在江湖，身不由己。

在无比忙碌的时光中，有没有更好的心态和方法，能够让我们体会到自由的时光、幸福的时光？通过观察发现，很多人对工作忙产生抱怨或是感到疲惫，其根本原因其实不是忙本身，而是下面四个原因。

原因一：你的时间是被动选择的。

我看到很多事业单位的员工一到下班时间，连一分钟都不愿意待就离开，而我们去天猫精油销量排名第一的阿芙精油参观，发现他们根本没有打卡制度，也没有考核，却一个个自愿加班。还有更强的，那些自驱动力很强的创业团队，恨不得 24 小时打鸡血一样工作。

我发现，人们所郁闷的不是忙碌本身，而是"不能主动选择"。不管 996 还是 997，不管是出于责任，还是小目标，如果你是主动选择的，基本就没啥怨言啦。这一点，我在成为没有下班时间、没有周末的自由职业者之后也深有体会。

所以，工作需要自驱动力，主动选择时间与工作的关系，你就会接纳现状。

原因二：公司很狼性，你却力不从心。

这年头很多行业竞争激烈，比如互联网公司，创业公司、这些公司文化很狼性，要求各种快。京东 CEO 刘强东就是早上布置任务，下班前就要看到报告。而对于某些人而言，总是被时间赶着走，其实是一种变相的能力的不匹配。

所以，你需要的不是投入更多时间，而是用更高维的能力来降维打击，这样你就可以更加从容。

原因三：你的时间是没有界限的。

你是不是半夜 11 点接到老板电话赶回去开会？

你是不是节假日不能陪孩子，还要加班赶上线产品？

你是不是很想下班时间拉黑老板微信？

有人认为员工随时待命天经地义，有人主张工作、生活需要分清界限。

其实，没有对错，但求匹配。你需要和老板的"时间界限"达成共识，不然你会痛苦死。

原因四：你拿命换来的，却觉得不值得。

你是个没日没夜拼命加班的码农，老板总是忽悠以后上市，但却一次一次项目失败。

你是24小时为老板开机的中国好员工，却一直没有获得与工作量匹配的薪水。

你以为拿青春赌成功就能开心，可是你原本真正想要的是幸福的家庭。

心理不平衡来自于时间投入与回报之间的失衡。当然，这里指的回报最直接的就是钱有没有给到位。除了钱，还包括项目前景、职业发展、幸福度等广义的概念。

当想清楚"拿时间交换什么"，找到"辛苦的意义"，你就会觉得一切付出皆值得。

所以，我们希望的时间自由度，可以用主动性、高维能力、界限感和意义这四个标准来衡量。

那老板们又是如何看待时间的呢？他们的时间概念有三个很有意思的特点，看看对我们有没有什么启示。

第一，时间是一个战场。

罗振宇在《时间的朋友》跨年演讲中提过，时间是一个战场，并提出国民总时间的概念，他认为国民总时间是可衡量的，所以是稀缺资源。确实，现在各家公司都在疯狂抢夺大家的时间。手机上那么多的 App，谁抢占了用户更多的时间，谁就能够占据市场优势。

所以，在老板眼里，时间是非常稀缺的资源。你随心所欲浪费掉的时间在别人那里都那么值钱，你有没有想过你是否贱卖了时间呢？

第二，时间是一个战略武器。

要么快，先于对手，要么撑得久，熬死对手。企业快速响应客户需求，快速抢占市场，关乎生死。企业能否更快地创新迭代，关乎发展。这也是为什么老板们不停地要求员工快快快。

那你是否有能力给老板提供他所期待的"快刀"呢？你自己是否配备这样的战略武器，能在竞争中脱颖而出呢？

第三，时间是一个有弹性的选择。

有老板说，"我没时间"意味着"那不重要"。他会把有限的时间用在自己认为重要的事情上。比如，华为创始人任正非曾经对一个因家庭原因辞职的副总说："你为什么不选择离婚？"很显然，在前者心目中工作成就比家庭重要。

那你有没有真正具备选择力，独立选择自己认为重要的价值，而不是世俗给你的所谓成功的价值？

了解了老板们对时间概念的思考，我们又该如何实现自己的时间自由呢？时间管理固然有很多技巧，但在这里，我们分享三个建议。

第一，主动选择适合的战场。

到底是去快节奏的互联网公司，还是做朝九晚五的安稳的工作，抑或是去高风险高收益的创业公司拼个三五年？当你面试的时候不妨多了解一下公司的价值观和企业文化，也观察一下办公室里的工作状态，是郁闷的气息，还是梦想的鸡血味？

没有对错，只有匹配，主动选择符合自己时间观的战场，并快乐地上战场。

第二，战略性时间管理术。

经常有人问我："如何平衡工作与生活？"我回答说："我会像董事长管理公司一样管理生活。"

比如，对于如何管孩子就需要战略性安排。

首先，我会确定教育方向和制订年度计划。

其次，搭班子，就是保姆、父母、班主任及课外老师，甚至小伙伴都是我的虚拟团队。

再次，我会在吃饭聊天时给他们强化职责分工，分享教育理念，还时不时给激励，比如给老妈奖励旅行，给保姆发红包。

所以，其实我干的就是，定战略，搭团队，带队伍。这样一来，我省出来的时间，就可以解决关键问题并安心工作。

其实，工作何尝不是同样的道理？手头的工作也可以制定策略，找到支持你的虚拟团队，老板、同事、朋友甚至是你的家属，通过管理和激励他们来腾出时间，你去解决关键问题就好啦。

第三，赚取时间术。

你也许认为每个人一天有 24 小时是常量。但时间也是个变量，也是可以赚的。那时间是怎么赚的呢？

首先，通过单位时间提高时间价值，做高附加值的事情，最简单的例子就是我请保姆来打扫房间以换取我上MBA 的时间。

其次，同样的时间内让经历更丰富。比如，同样是留学，在拿硕士文凭的同时，我还周游了 28 个国家，这些都是赚来的。

所以，去提高自己的时间价值或者丰富经历，你会觉得赚了生命。

最后，结合我的大师级教练导师叶世夫老师对"自由"的理解，分享一下我理解的"时间自由"。

我们常常感到过于忙碌和被束缚，也就是自己没有时间自由。但其实，这种状态都是我们自己的选择，源于我们放不下的需求，源于我们始终无法鼓足的勇气，如同我们没那么容易辞职一样。我们也常常想着当无所承担、无所束缚时便是自由，但你会发现即便如此，你也会掉进更大的不自由，如同企业人走出来当自由职业者变得更忙碌一样。

我感觉，真正的自由是"心的自由"。当你的内心是平静的，是安在当下的，你会发现，自由不是为所欲为地玩，也不是随心所欲地安排，而是在任何时间、任何空间，都能够从容地掌控状态，把时间变为有价值而幸福的高质量时间。也许这就是所谓人在江湖、身不由己的职场人的时间自由吧。

小结

时间的自由感，来自主动性、高维能力、界限感和意义感等四个方面。

借鉴老板对"时间"的思维，我们可以做如下管理：

第一，选对战场，与组织匹配"时间价值观"。

第二，战略性时间管理。通过团队的战略管理，腾出有价值的时间。

第三，提高单位时间价值，赚取高质量时间。

延伸思考

思考如何通过战略性时间管理术，提高自己的工作效能。

04

你期待的

vs

老板期待的

推倒重来 N 次的方案，为何老板不满意？

你有没有在工作中遇到过这样的经历：自己辛辛苦苦熬夜赶出来的方案，被老板看一眼就打回去，推倒重来了 N 次，就是不过关？你觉得自己感天动地，老板却觉得你就是瞎努力。很多老板也经常抱怨："下属做的方案我总是不满意，没法直接用，有时候想，与其一次一次地打回去重做，真不如自己上手做得了。"

那到底为什么老板对方案不满意？我们又该如何做出让老板满意的工作成果呢？职场中，其实有一个很多人没注意到的公式：

老板超额满意度＝你的交付结果－老板期待值。

注意，这里用的是"超额满意度"。也就是说，如果你交付的工作结果等于老板的期待，老板顶多觉得你能胜任这份活儿。只有交付大于期待，老板才会被你的能力惊艳到，对你刮目相看。而职场上很多机会，不就是来源于老板对你的一次刮目相看吗？

记得当年我在一家公关公司做实习生的时候，老板有一次叫我收集 LG 手机软文做简报。本来这个任务就是翻报纸，挑选出 LG 手机软文，剪下来整理的事情，基本没什么技术含量。结果，我顺便把竞争对手三星的软文也摘下来，做了统计分析，主动做了一份《LG 与三星手机公关策略对比分析报告》。那一次超出期待的交付，一下子得到了总监的认可，我从简单做简报、打打杂的实习生一跃成为重要项目骨干。发现没有？到这里，问题就转换成了如何让你的交付超出老板的期待。

有人会说："我也主动做了很多工作呀，可为什么我交付的老板不满意？"通过访谈，我总结了一下老板们说的较常见的两个不满意。

第一，你的方案没有焦点。

大家都知道放大镜聚焦光线可点火的原理，如果没有焦点，就没有火花。同理，你交付的方案如果没有聚焦的观点，就没有亮点。举个例子，小明是一个移动阅读 App 的运营专员，总监让他做份运营月报，他直接把后台数据生成的图表复制粘贴就交了。30 多页的报告每组数据到底想说明什么呢？是用户偏好变了，需要调整内容？还是转化率下滑，需要更多的促销活动？没有聚焦的问题，也没有任何建议，这就叫没有焦点的方案。

我给企业做顾问，发现老板们最不喜欢的员工，不是迟到的，不是要钱多的，而是没想法的。所以，你有没有聚焦的想法，会直接影响老板对你的看法。

第二，自己有想法，但没能对好老板的焦点。

有些专业类人才比较容易踩这个坑，他们喜欢从自己最擅长的专业角度提方案，却忽略了老板的焦点到底在哪里。比如，工程师写半天自己 App 的架构是什么，UI 设计多漂亮，有什么功能，而老板想听的是怎么提高用户活跃度、用户体验、转化率。

所以，你要站在老板的视角，对焦老板的关注点。

知道了影响老板期待值的焦点问题，那我们该如何控制自己的交付结果呢？给你三个问题清单，你可以对照一下自己的方案，看看你有没有考虑周全。

第一个问题，老板真正想要什么。

85％的方案失败都是对目标理解得不全面、有偏差导致的。所以，当老板扔给你一个需求时，不要急着解题，盲目开干，要先弄清题目，不要跑题。

你可以问老板有什么要求、什么时间交、有什么注意事项、有没有以前的参考资料等要求事项。为了避免不落项，你最好先列个需求清单。我看到很多小伙伴不敢问问题，没听明白也说明白了，生怕显得自己很弱，其实你大可放心地去弄清楚，因为老板也不希望你理解有偏差导致到最后重复修改。

也许你会说，这些要求我也问了呀。可很多小伙伴看似问了要求，但实际上并没有真正探出老板没说出来的期待基准线。什么是"期待基准线"？比如说：老板认为采购成本不应该超过 10％，你没摸清楚就做了个 20％的方案，肯定被打回去；老板认为管理层应该内部培养，你却建议花钱找猎头，肯定会被质疑；老板要着力打造新产品，你却只想着给老产品线添加功能，那就只能陷入费力不讨好的恶性循环。

为了更好地摸清期待基准线，你可以主动找老板讨论或邀请老板参加团队研讨，并在讨论中把体现老板观点的关键词记在小本子上，这些关键词通常会出现在"我认为……""你应该……"这样的句子里。

当然，摸清楚老板的期待基准线的意思并非等于你要简单迎合老板观点，有时你也需要用专业说服老板。比如在上面的例子中，如果你知道老板对采购费用的底线其实是不合理的，那可以预备强有力的数据，证明为什么你要增加采购成本，这样就会更容易说服老板，推行自己的方案。

所以，第一步是先摸准了老板的期待基准线，避免跑出跑道主线。

第二个问题，老板关注什么。

"想老板所想，急老板所急"，这一点阿里巴巴前 CEO 卫哲可谓做得极致。话说他的第一份工作是给被称为"中国证券之父"的万国证券总经理管金生做秘书。在一次采访中，他说自己在给老板送文件批阅时，一般的秘书顶多按时间顺序堆放，他会按照老板关注的重要性来排序，并找出文件之间的关联性，把关联内容分类放在一起，有时还主动给出有见地的建议。就因为秘书的脑袋里装着总经理的思维，他 24 岁就升为了万国证券副总经理。

做任何工作都一样，理解老板关注的维度以及优先级，并与自己的方案进行关联，这很重要。比如，同样是交一份产品介绍，如果老板是给客户作介绍，那焦点就优先放到客户体验如何好，性价比如何高；如果是给投资者作说明，那就要强调你的产品如何吸引流量、变现价值、成长性等方面。

所以，请将"你要做什么"与"老板关注什么"按优先级建立关联。

第三个问题，老板担心什么。

首先，对方案本身他会担心什么？担心效果、成本还有别的？你可以换位思考提前预想他所担心的，甚至他没有看到的风险也帮他想到了，不仅友情提醒，还给准备预案，那才有可能超出他的期待。

其次，就交付而言他会担心什么？比如，他会担心无法按时提交。所以，如果老板说今天要方案，那么不要等到最后时刻，最好的提交时间是"昨天"，也就是提前提交。老板还可能担心交付质量，希望万无一失。所以你要学会动态交付，不要做一锤子买卖，吭哧吭哧自己闭门造车，想一把就通关。你要持续汇报进展并邀请老板进行沟通，像打游戏一样一步一步打通关。在关键节点和问题上达成阶段性的共识，就不用担心会要全部推倒重来。

所以，风险前置、风险分解，帮助老板化解风险，也帮助你减少风险。

一个企业为了满足客户需求而不断进行改进和升级，通过不断满足甚至给予极致的惊喜体验，来持续获得客户的超额满意度，个体未尝不是如此，我们每一个个体都是自己的产品，老板就是我们的第一位客户。当你能够真正理解老板的需求和期待，并能够交付超出老板满意度的工作成果时，想必你的职业发展道路一定是前途一片光明。

小结

职场中，我们不仅要让老板满意，还要主动创造"老板超额满意度"。

在前文中我们讲到一个老板超额满意度公式：老板超额满意度＝你的交付结果－老板期待值。

为了主动创造老板的超额满意度，我们需要：

第一，了解老板的期待基准线；

第二，将"你要做什么"与"老板关注什么"按优先级建立关联；

第三，用三个问题——老板想要什么、关注什么、担心什么，来对照自己的方案。

延伸思考

用三个问题"老板想要什么、关注什么、担心什么"来评估一下自己最近做的方案是否还有可优化的空间。

老板说只要结果，真的是这样吗？

你的老板有没有说过"我只要结果"这样的话？

在很多企业，我们经常会听到老板说只要结果。可是，真的是这样吗？如果你就这么信了，以为这是老板全权让你做主，只等着交付结果，那你就错了。

其实，老板说"我只要结果"根本不是简单地等于"我不要过程"。如果你遇到自认为干得很漂亮，最后老板却不满意的情况，或者你不服那些经常审老板办公室的同事比你升职快，想必都是在工作中的过程沟通方面出了问题。

先分享一个我曾遇到小人的惨痛经历吧。那时候，我只知道吭哧吭哧做事情，每次负责个任务，除非遇到实在解决不来的问题，平时基本也不怎么跟老板汇报和沟通。结果，同组另一个同事趁我休假，在老板面前说了很多我的坏话，等我回来发现我负责的项目已经由她来接管。从老板助理那得知真相后，我觉得很委屈，自己的辛苦和能力老板怎么都看不到呢！后来，我有了下属才真正感受和理解到，每次需要老板询问才能了解到进展是个什么心情，突然给你来个重磅问题是多么被动，临近大限了却给你不符合要求的报告，让你还得熬夜重做那是多么令人抓狂的事情。所以，也真正理解了过程汇报的重要性。

这些经验教训告诉我们，只善谋事，不善过程沟通，没有建立好与老板的信任关系，会很容易失去机会，无法获得老板的信任，直接影响业绩甚至发展。

你会说，"老板自己说的只要结果呀"。那老板真的只要结果吗？我是高级翻译出身，职业病泛滥，我们来翻译一下这言外之意到底是什么，有三个比较典型的版本。

版本一：我不仅要过程，更要好结果。

很多人常常会把苦劳当成功劳，觉得满勤还熬夜加班就已经够了。

我客户公司招了一个销售，每次例会他都会列出客户列表，头头是道地分析一通，每天都努力打电话、拜访客户。可是一年过去了，他一个单子都没成交。最终，老板发现，他根本没有正确的销售策略，因而出不来业绩，就只能辞退他了。

所以，"只要结果"不等于"不要过程"，而是要通过正确的过程，有策略、有方法地实现好的结果。

版本二：我要主动性和创造性。

老板期待的不是找个人整天等待指示，而是基于组织目标，主动设计自己的工作，发现问题、解决问题。实施"人单合一"模式的海尔也好，推崇"让听得见炮火的人做决定"的华为也罢，都是在鼓励员工的主动性、创造性。

所以，"我只要结果"，指的是老板给你充分的空间，你可以发挥你的主动性和创造性，充分展示你的解决问题的能力。

版本三：不要找借口，你要对结果负责。

公司里，当出现问题的时候，常常会有各部门互相踢皮球的现象。比如，"因为质量部总是没办法很高效地出质量报告，我们的产品交付就晚了"，"因为法务没能发现商务合同中的条款漏洞，我们应收账款又多了"。

这种情境下，老板说"我只要结果"的意思是，你要从自身出发找问题，解决问题，不要找借口，推卸责任。

所以，老板期待的是积极解决问题的、有担当的员工。

你发现了吗？老板说只要结果，其实不是不要过程，而是"正确的过程＋好结果"。

我们知道了老板的期待，那我们如何更好地汇报过程呢？这种智慧的汇报能力称为"慧报力"。我们可以通过智慧的汇报，给老板四颗"定心丸"。

第一，用可预计的结果，给老板信心。

你作为老板的业务参谋，在项目前期就可以用合理的逻辑，推理出可预计的结果，给老板信心。注意，不要用模糊的"这些没问题""一定可以的"这种虚的口号。

你可以"讲情景"，比如，"等我们这个办公室装修完，会是什么颜色、什么风格"，可以向他描绘，让他有画面感。

你也可以讲数据，比如，"一个单品 99 元，我们的目标销量 10 万个，就是接近 1000 万元的流水，利润是多少"。

总之，用看得见、听得清楚的论据，提前给老板可预计的结果。

第二，用策略和路径，让老板放心。

当老板了解了你通往目的地的路径将会怎么走，就会增加对你的放心程度。

比如，今年 2000 万元的销售目标怎么来呢？到底主攻行业大客户，还是通过渠道分销呢？是主打 A 系列产品还是 B 系列产品？你可以和老板就这些关键问题的策略和路径做个梳理，让他看到实现目标的可行性。至于你今天约谁拜访，那些都是要你自己发挥主观能动性，在老板授权的情况下就可以不一一汇报啦。

第三，用选择题，让老板省心。

老板们最不喜欢的是"没有想法的员工"。

比如，C 类员工只是开放式地问："老板，这件事情该怎么办？"

B 类员工会请示："老板，A 方案和 B 方案，A 有什么优劣势，B 有什么优劣势，您看选择哪一个？"

A 类员工会建议："老板，我们有 A、B 方案，A、B 各有什么优劣，鉴于我公司情况、关键的三个考虑因素，个人建议采用 A 方案目前比较合适，您觉得如何？"

如果你是老板，你会更喜欢哪一类员工，会给谁授权呢？

所以，给老板汇报要给选择题，而不是问答题。

第四，讲问题和风险，让老板耐心。

万事都有风险、困难和不可预知的变数。

如果预知风险，那就提前报备，并表示你会负责解决。比如，"这批产品交货期比较紧张，不过您放心，我已经和海关打好招呼，会配合加急办通关手续"。

如果遇到困难，你应该汇报解决进展。"我们研发依然有漏洞没能解决，我已经找到外部专家，会在下周二一起研讨解决方案。"

如果遇到变数，你可以给他信心让他耐心等待。"这次因为甲方负责人突然给换了，但我们先不要放弃，再耐心一些找到突破口应该还有机会的。"

其实，很多时候这些工作本身你都做了，但因为没有及时和老板进行沟通，老板不知道你付出了怎样的努力。还有一些人属于报喜不报忧，要么不敢告诉老板有问题，要么想着自己偷偷搞定。这样处理的结果是，万一出了问题你就会很被动。

所以，做好工作的同时，"嘴也要跟上"，让老板感受你的担当，看到你的努力，见识你的能力。

信任，是你个人发展账户上最宝贵的财富。其实，除了老板，客户、合作伙伴等都可以用同样的原理进行更紧密的过程沟通，来积累信任积分。久而久之，你在职场上的标签就会是"靠谱"，所以，自然就有更多机会眷顾你了。

小结

当老板说"只要结果"时，其实需要把握好他的言外之意。只要结果的意思，并不是等于不要过程，而是要"正确的过程＋好结果"。

我们需要智慧地进行过程汇报和沟通。最核心的沟通内容是：

第一，目标结果。让老板看到可预计的产出结果，让老板有信心。

第二，策略路径。让老板看到正确的过程，让老板放心。

第三，选择方案。给老板出选择题，让老板省心。

第四，风险问题。提前预告风险与应对方案，让老板耐心。

延伸思考

请从目标结果、策略路径、选择方案、风险问题四个"慧报力"要素中，选择一个主题，主动找老板进行至少一次过程沟通。

还让老板追着要债，如何提高自我执行力？

你的老板会不会经常午夜给你发邮件布置任务，感觉都不在一个时区，或者早上安排的任务恨不得马上追着要？那你就要注意了，这种老板对执行力的期待是很高的。

过去 10 年，职场培训市场上卖得最好的课莫过于"执行力"课程，老板们似乎对团队的执行力总是不够满意。

确实，根据中国企业联合会与清华大学共同进行的中国式企业管理的跟踪研究，过去 40 年当中企业与企业之间很多做法其实都是差不多的。而为什么有些企业活着，有些企业却很快消失了？就是因为，同样的做法，却有不同效能的执行力。即便一个老板再有创意，再有战略眼光，也需要团队执行力跟得上。

执行力这个话题，固然已经被说得很烂，但在很多企业里依然是令人头疼的问题。

著名管理大师拉姆·查兰在《执行》一书中说："从个人层面来说，执行力等于高效能，从企业层面，执行力是目标与结果的桥梁。"他说，"企业如同'黑箱'，各种要素进入后，通过'执行'所产出的是截然不同的结果"。所以，无论是对于企业，还是个人，执行力都是很重要的竞争力。

那老板期待的执行力强的人到底是什么样的呢？基于一些"牛人"的共同特质，我们需要扮演老板所期待的三种角色，才算是真正的执行力强。

角色一：射击者，也就是快速扣动扳机的那个射手。

老板指哪儿，快速打哪儿，关键词就是：快！思科前CEO约翰·钱伯斯说，现代竞争已不是大鱼吃小鱼，而是快鱼吃慢鱼，这就是"快鱼法则"。京东也好美团也罢，企业拼的都是速度。

其实老板的体验未尝不是这样。如果老板没催，你就不急，那对不起，老板给你升职加薪也不会急。所以，在京东人才观的四大标准中，有一项是要匹配"京东速度"。

可见，老板期待的执行力第一项，就是"速度"。

角色二：塑造者，就是主动设计工作的人。

前段时间有本书特别火，叫《原则》，是全球顶级投资家、企业家瑞·达利欧总结的一生中最重要的一系列原则。他说："每个人在或大或小的领域里都可以是塑造者的角色。如果把我们工作的系统想成一台机器，你就可以主动调试系统，也包括调试自己。"

这句话搬到日常工作中就是，老板有个想法，如果说了具体目标和方法，你去完成，那也顶多是第一层的执行。如果，老板说了目的，你主动、快速地想办法，解决问题，那更好。而真正的高手是，老板都还没说，就提前替老板想好问题，并已经主动解决了，那才是最高境界。

所以，老板期待的执行力第二项，就是"主动性"。

角色三：追求者，就是追求极致、持续成长的人。

被打鸡血、三分钟热度很容易，但执行力强为什么就那么难？其实不在于能不能开枪，有没有创新想法，而在于很多人做不到"持续坚持，追求更好"。

刘强东在牛津大学分享时就说，当年他已经在中关村拥有 12 家分店，生意好得不得了。所有人都反对开什么电商，但他毅然关掉 12 家分店，开始了垂直电商业务。他总结说："我之所以能到现在，是因为一直没有停下更高追求和成长的脚步，别人 2 天送达，我就要 6 个小时，物流行业平均成本 5%，我就要降到 3%，不断地追求极致。"

所以，老板期待的执行力第三项，就是"追求极致"。

了解了老板对执行力的三个要求，也就是速度、主动性和追求极致，那我们带着这些理念，又该如何提高自己的执行力来搞定工作呢？

通常在组织咨询过程中，如果一个组织和团队执行力不高，我常常开玩笑说："那是老板你的问题。"其实，我的意思是执行力问题也是组织管理问题。通常情况下，我会给组织支四个方面的招，来逐步建立提高执行力的组织管理体系。

后来我发现这四招的理念和做法搬到我个人管理中也是

奏效的。所以，从个体而言，也可以借鉴。

第一步，与老板沟通目的地，自己画地图。

上面强调过，老板指哪儿，我们打哪儿。所以，当我们接到某项任务时，不是简单执行，而是要先弄清楚目的和目标。这就如同我们去自助游，先要确定目的地，再去自己找路径，安排行程，自己形成地图。

其实公司经营和自己工作都需要梳理出这样的所谓目标地图，确定目标，分解里程碑，如果是团队还要责任分工。

所以，老板说大概的意图，比如，老板说要提高客户满意度，你就可以主动设计达到这个目标的路径和具体任务。不过对职场新人来讲，我还是建议，先沟通清楚目标和任务会更加保险。你也可以先捋清楚整体思路做一部分内容，完成 10% 左右，然后找老板沟通看是不是符合大方向。避免最后吭哧吭哧做半天，让你推倒重来。

所以，画出和老板共识的目标地图，可以帮助我们找到方向。

第二步，自己重新给自己布置任务，给自己提速加码。

你会问，老板不是已经布置任务了吗，还需要重新布置？当然需要。因为，你手头还有其他工作，你需要统筹协调轻重缓急，同时，你可以给自己提速加码。

比如说，如果老板周一布置了周五提交的报告，那我就会给自己具体要求，周一草拟个提纲做一部分，和老板沟通确认，周三晚上前全部完成，最晚周四早上提前交付，修改完还可以自己加任务把打印装订也搞定了，这样老板的体验绝对会比催着工作要强很多。

第三步，建立自我管控机制，给自己找大棒。

公司会用一些管控机制来监督大家有没有执行，效果如何。比如开周例会、给你设个绩效指标等。其实绩效管理是管控机制的一个基本动作。

那自己怎么建立自己的管控机制呢？我举个跑步的例子。

首先，我会主动宣布绩效目标。我向一群小伙伴宣布我要一个月跑 40 公里。

其次，记录绩效。群里打卡是好办法，月末经统计，如果完不成还要罚 100 块红包。别看红包小，但还是很有效的。

再次，营造文化。配备跑步装，时不时还要有个小小仪式感，形成跑步气氛。

其实，工作也一样。首先，我会主动承诺老板，我会做什么、预计什么时候提交。其次，做个工作清单，把里程碑可视化，每周末做个回顾，也做下一周的清单，这里面包括需要什么资源支持。最后，营造工作气氛，我哪怕自己去咖啡馆工作也要穿职业装，找到工作状态。

第四步，建立激励机制，给自己胡萝卜。

很多公司会用激励机制，包括薪酬、奖金等一系列的办法让员工卖命工作。那如何让自己为自己卖命工作呢？这也需要自我激励。

第一个办法，是直接激励。之前听说王石为了培养早起习惯，奖励自己玩一个小时游戏。我也决定奖励自己一个小愿望，一个任务完成了，吃个甜品，买件衣服，看一场话剧，甚至是来一场旅行。

第二个办法，是精神激励。如果这是较长时间才能实现的目标，那么就想象成功后的状态，给自己一个画面感。比如，做线上课程的时候我就时常想象最后完成时的那种成就感，就很有动力。

其实，执行力是一种工作态度、工作习惯，如同肌肉一样，一旦形成就自然会在你身上了。最后给大家推荐两本近期听的书，一本叫《搞定》，一本叫《深度工作》，祝大家能够更加从容自如地高效能工作。

小结

执行力的具体要求是：速度、主动性和追求极致。

你可以借鉴组织管理的原理，来帮助自己提高执行力：

第一步，画出和老板共识的目标地图；

第二步，自己给自己布置加码任务；

第三步，建立自我管控机制；

第四步，给自己设置激励机制。

延伸思考

选择工作或者生活中的一项任务，按提高执行力的四招来培养一个好的执行习惯。

老板说公司转型升级，你也应该迭代吧？

有一次，在客户公司我看到老板动员员工说："公司要转型升级，原有产品要迭代，同时也要准备拓展新业务，希望调一些同事去新事业部，看看谁愿意去呀？"如果是你，你会去吗？参加会议的很多人都不理解，为什么现在的产品很赚钱，老板却拿大把利润投到不知道有没有未来的新业务上，所以都不愿意去前途未卜的新事业部。

其实，老板不停折腾是在做"迭代"。今天的时代，变化极快，竞争也激烈。产品也好，企业也罢，包括我们自己，都需要一种能力叫"迭代力"。

7年前，我们曾经轰轰烈烈地做过一款 App 产品，叫熊猫阅读，那时候我们已经积累了 2000 万用户。可突然有一天早上上班，所有高管和核心技术骨干的电脑都被没收，并被要求到会议室谈公司清算问题。原来，作为大股东的诺基亚的衰落直接导致公司被清算。我见证了手机行业连续称霸14年、从未被撼动过的诺基亚倒下，也看到面临职业断崖的一些工程师们。如诺基亚 CEO 所说的那样，"我们并没有做错什么，但不知为什么，我们输了"。

难道只有诺基亚衰败了吗？麦肯锡做过统计，美国企业每20年更新一次，中国企业每10年换血一次，中国企业联合会500强名单每年也在动荡地变化，而很多中小企业的平均寿命才3~4年。就算是大公司，当年牛气冲天的联想、海尔，热度也已然不如百度、腾讯和阿里。

这就是宇宙的规律，一切都从萌芽期，再到成长期，达到繁荣期之后开始衰退，最后走向死亡。产品如此，企业如此，人更是如此，一切终将衰退，唯有进化永续。所以，拒绝迭代，拒绝进化，等于拒绝未来。

既然迭代如此重要，可为什么那么多人却很难自我迭代，到底是什么阻碍了我们？

第一个障碍，因为害怕，所以拒绝。

我们做管理咨询项目的前期，经常会遭受拒绝和反对。为什么？因为，我们咨询团队的到来意味着组织的变革。大家对于未知的变化都是恐惧和害怕的。

我遇到过高管拒绝来开会，也遇到过愤怒和指责。经过多轮的说服，一部分人才开始慢慢在怀疑中尝试，等到在小改变中尝到甜头，才会逐渐接纳，最后才是大部分人融入。当然，还有一些死活不肯改变的人也必然会掉队。

恐惧、怀疑、拒绝，这些也都是组织变革中出现的正常的心理，但因为这些会消耗时间，所以一旦失去时机将付出很大的代价。

第二个障碍，因为挑战，所以不敢。

美国心理学家怀特发现，人类应对外部挑战或威胁时，神经的自然反应是"反对或逃跑"。

"我是技术出身，怎么能去做销售管理呢？"

"那是一个新的市场，没有关系怎么开拓呢？"

"整个行业最低的平均成本是5％，我们怎么可能做到3％呢？"

如果你把"挑战"视为"威胁"，那就会启动反对或者逃跑的本能反应。

如果你把"挑战"视为"机会"，就能更为积极地应对。

第三个障碍，因为舒服，所以不想。

"现在挺好，为什么要改变？"

人类具有安全感的需求，都喜欢待在舒适区，喜欢一切都在掌控之内的感觉。一旦跳出，未来可能有失去已经拥有的风险，很多东西需要重新学习和适应。

这样看来，固然"我害怕、我不想、我不敢"是正常反应，但我们需要勇于突破这种心理障碍，来推动自我迭代。

那么，"迭代力"到底是一种怎样的特质和精神呢？

具有工匠精神，对自我工作要求极致。

迭代的基本表现，首先是"改善"。"牛人"一般都会对自己的工作不断复盘，总结与反思，提出更极致的要求。

比如，目标开发周期能不能再缩短1周？有没有再降低2％成本的办法？物流准时到达率能不能从95％提高到

98%？工作中有很多可以改善的空间。

具有海绵精神，不断升级认知与思维。

有些小伙伴不断学习新知识、新技能，比如多学习一种编程语言，多学习一门外语，这些固然非常棒。但如果这些学习没有帮助你完成思维操作系统的升级，那么顶多就是多装了一个软件而已。

建议可以看看科幻小说《三体》，其中一个概念就是"降维打击"，如果你在更高维度的思维空间看这个世界，你看到的问题和解决办法就都不是以前的层面了。这才是真正的迭代。

具有创新精神，能够输出改变。

同样是卖杯子，我们如何通过区别于一般杯子的创新设计来做出爆款杯子，卖出一百万个？

如何用更有趣的文案，用更有创意的交互方式进行推广？

能不能通过无人机送货，让用户体验更极致？

如何用无人售货机渠道的新零售模式来卖杯子？

这些设计、流程、模式的小小创新，都是企业需要你来一起参与贡献智慧的。

那怎么能拥有这种迭代力呢？我们可以做哪些努力和积累呢？

"迭代力"最核心的就是快速学习能力。我们的心智模式中具有"学习模型"，也就是我们的成长通常是通过见、解、思、行这四个步骤的不断循环来形成的。

见：保持好奇心，多看世界。

所有学习、迭代与创新都要先有素材的输入，才能有输出。这个输入就是看世界。虽然很老套，但是"读万卷书，行万里路"真的是你去看世界的路径。

于我而言，在伦敦学习期间游走 28 个不同的国度，让我体验不同文化，看了各种不同的活法，了解不同商业模式的企业，让我能够以中立的态度看世界，批判的思维看结论，柔和的眼睛看世人。这些便为日后的我打好了迭代的基础。

解：理解规律，寻找机遇。

理解一些变化的规律，能更容易地找到切入点。

举个案例，后起之秀神州专车，在竞争激烈的专车领域里能够崛起，是抢了商务用车、接送机等痛点场景。网红"小蓝杯"瑞幸咖啡迅速走红，也是抢占了写字楼喝咖啡的痛点场景。其实这两个品牌的操盘者都是同一个人——《流量池》这本书的作者杨飞。你看，看似完全不同的行业，其实是他掌握了用互联网思维打造品牌的规律，才能在两个领域里都获得成功。

思：痛苦＋反思＝进步。

想来我自己也恰恰是在最痛苦的时候，成长最快。包括高考失利、留学期间被抢劫一空、被客户拒绝、因公司被清算而失业、投资失败等，甚至生活中的一些不顺和痛苦，都是一次一次实现自我迭代的机会，也让我有了现在的底气，不怕变化、不怕失败。

不过注意，面对失败和挑战，我们需要的除了心理上的复原力之外，其实这里想强调的是思考。通过复盘，思考其中的道理和启示，这才是对迭代最大的价值体现。

行：勇敢尝试，挖掘潜能。

我还记得刚进入移动互联网公司时，上班第一天连 App 是什么东西都不知道，开会像跑到火星听天书一样。可是，我通过勇敢尝试，快速学习，三个月就能做到自如地去开发客户，可以和首席架构师讨论要改哪个漏洞。

所以，其实人的潜能是无限的，不要给自己设限。

最后我想用自己的原创小文《你若盛开，蝴蝶自来》中的一句话作为本文的结束："人生就是一场创业，我就是自己的产品，不断通过升级迭代，打造出更好的自己，就是我来这个世界转一圈的目的。"也祝大家能培养迭代力，不断自我进化，遇到更好的自己。

小结

一切终将衰退，唯有迭代永续。

想要有迭代力，我们需要三个精神：

一、工匠精神，对自我工作要求极致；

二、海绵精神，不断升级认知与思维；

三、创新精神，能够输出改变。

而这些其实是需要通过长期学习和成长积累的。我们平时可以通过见、解、思、行，来不断进行看世界、理解规律、反思自己和勇敢尝试的迭代过程。

 延伸思考

　　找到自己目前工作中需要改善的一个小点，利用见、解、思、行四个方面来思考你的迭代路径与行动计划。

同事不支持你的工作，你还能混好江湖？

你有没有遇到过同事不支持你的工作？你会怎么办？拍桌子吵架还是向老板告状？其实，老板们期待的是团队成员通过协同，提高效能，但现实中，但凡是组织，都有不同程度同事间协同不畅甚至踢皮球的现象，老板们也头疼。

如同交响乐不能一个人演奏一样，我们的工作需要内外部的支持才能搞定。所以，你想混好职场这个江湖，就需要很强的"协同力"。

首先，看看你会遇到哪些不支持你的人？最典型的不支持者分为三类派系。

第一类：懒散派。

他们秉承着"多一事不如少一事"的理念，除了自己的一亩三分地，基本不揽事儿，能不干就不干，能少干就不多干。

对这类人，除了通过调动上级资源给他责任之外，尽可能帮他减少工作量，可能会更容易获得支持。比如，你想让他写篇东西，你给他提供模板和工具，让事情变得更简单。

第二类：保身派。

这类人怕担责任，怕被连累，有问题了就会归咎于别人的错误，指责别人能力不足。

对这类人，尽可能帮他解除顾虑，给他找背书，创造安全感。

第三类：自私派。

这类人只关注自己的利益。秉承着"没好处就不干"的理念，计较得失。

对自私派，就要交换利益，同时让他感觉到占便宜了，就更容易支持你。

这三类人看上去轻松舒服，但老板都看在眼里，不配合团队其实是消耗公司资源，还会带来管理的麻烦，其实他们损失的是自己的职业未来。

那老板期待团队成员在协同方面具有什么样的特质和意识呢？

我曾经见过这样的案例。

有家羊绒衫公司，客户向销售投诉一批羊绒衫产品中含了羊毛。总经理召集大家开会，销售指责质检，"你们为什么没好好检测？"质检说，"这不怪我，是生产掺杂了羊毛"。生产部说，"采购给的物料就这样，我们只是加工而已"。采购说，"市场羊绒价格提高，公司给的预算有限"。大家面红耳赤争来争去也没争出个所以然来。

如果你是老板，你会有什么感受呢？这个老板后来分享过他当时的感受和期待：

"面对问题，都忙着推卸责任？"

产品被客户投诉是很恼火，但更让老板生气的是团队中竟然没有一个人敢于担当，解决问题，都忙着推卸责任。

所以，这时老板需要的是"责任驱动"的员工，从"我能做什么"开始，而不是第一时间想着撇清自己。

"光会指责，能不能理性解决问题？"

试想一下案例中的会议场景，大家的焦点都是互相指责，最后都吵架甚至拍桌子，所有的对话变成非理性冲突。

开会的真正目的是讨论如何处理客户投诉以及当下如何解决问题，未来如何避免问题。可是吵到最后，大家都忘记这个目的了。

所以，老板需要的是"目标驱动"，会理性解决问题的员工。

"只抱怨过去，能不能想想未来？"

产品都已经生产出来了，抱怨有什么用呢？只会激发负面情绪。

看看能不能找到接下来解决问题的关键，比如影响客户满意度的还有其他什么要素？如果下一步产品收回，那么有没有减少损失的办法？

所以，不要抱怨已发生的客观问题，而是要"未来驱动"，找到突破口。

总结下来，老板需要的是"责任驱动、目标驱动、未来驱动"的人，而不是只会踢皮球、指责和抱怨的人。搞清楚了老板期待的协同力的特质和思维，我们在日常工作中，如何让同事支持和配合你的工作呢？这固然需要根据不同情境，因人而异，但可以分享三个比较通用的办法。

方法一：认怂法。

也就是放低自己，请求帮助。在和同事沟通的过程中，请注意，不要踩到下面两个雷。

第一个雷，指责。

"你为什么还不提交数据？"这种语气其实是一种指责。对方会感觉不舒服，就更不会配合你。建议你，用"我"替代"你"。比如"不好意思，我没能及时提醒你"，"我之前没说清楚"。以这种句式作为开头，再说配合请求，效果会大不一样。

第二个雷，威胁。

"你再不提交，我就扣钱了。""这是老板定的，不服找他去呀。"这是一种威胁。威胁不仅失灵还起反作用。建议你，用温和的态度说明其重要性："你的数据关系到整体统计，公司很重视，可不可以麻烦你抽出几分钟提供一下？"这样可能会更好一些。

当然，有时候即便你认怂了对方也会拒绝，如果这件事很重要非做不可，那就要坚持温和地"骚扰"。我在前文中（P56，第二章"受委屈，遇挑战，如何打破玻璃心"一节）

提到过的收尾款的案例就采用了这样的方法。

你发现了吗？其实认怂是为了解决情绪问题，先建立和平关系，再获得支持。请你时刻提醒自己最终目标，认怂就不会那么难。

方法二：交换法。

哈佛谈判课上有个经典模板句式，就是"如果我帮你A，你能帮我B吗？"

比如，"如果我找人给你们送货到码头，你能帮我提前一天发货吗？"

"如果我找领导让他签字了，你能帮我办这个事吗？"

如果你能够找对对方的需求，这一方法也可以用在外部资源的协同上。

我们曾经想把自己的App预装到诺基亚手机。当时和销售部谈判："如果我们帮你完成销售目标，你能帮我们说服产品部门吗？"后来达成共识，我们帮他完成目标出货量，他也帮我们协调了产品总监。

这件事给我的启示是，通过帮助他人成功而获得成功是很便捷的方法。

方法三：同类法。

人们对自己的同类更为信任。如果公司里有些朋友圈，比如跑步圈、健身圈、篮球俱乐部等非正式组织，建议你积极参与，这些同类在工作中也能帮到你。

讲个小经历。曾经我们财务特别严苛，报销非常费劲，会各种盘问，稍不符合标准就不给报。所有同事包括我都很抵触报销。后来，我加入了羽毛球俱乐部，发现她也每周来打球，我有时给她借拍子，有时多带一瓶水，一来二去大家熟了。后来我去报销待遇就截然不同了。第一时间给我办不说，只要跟财务有关的她都帮我协调。虽然当时打球是无意识的，但这件事让我明白了，平时在非正式组织中，多攒人品，多攒朋友圈，关键时刻就会有救兵。

最后友情提示，即便你认真做事，厚道做人，混江湖也绝对会遭拒绝、冲突和不公平。我自己有个信条，"闯江湖，决不混江湖"。如果你通过这些锻炼了能力，积攒了人品，你会打造出职场口碑，这才是工作要赚的资本。至于那些所谓委屈，就让时间证明一切吧。

小结

协同力是在组织中不可缺少的一种能力。

如果有人不配合你的工作，那你首先应搞清楚他有什么顾虑，想办法帮他排除。

老板期待有协同力的员工具备三个驱动思维：责任驱动、目标驱动、未来驱动。

让同事配合你的典型方法：

方法一，认怂法，解决情绪问题；

方法二，交换法，创造共赢；

方法三，同类法，获得支持。

✎ 延伸思考

　　工作中，如果有不配合你工作的同事，思考一下缘由，用文中的几个方法找到让他配合你工作的策略。

面对问题你束手无策，老板请你来干吗？

有一次和客户老板谈话间隙，A 同学来请示，出去后老板对我说："你看这小 A 同学，校园招聘的大学生，但每遇到问题，就只会着急问老板怎么办，你说我花钱请他来干吗？"

后来和小 A 同学聊，他也很委屈："我刚大学毕业没经验，想自己搞定，但也怕自己搞砸了。"确实，在大学没有一门课叫"问题解决"，而我们每天都要面对各种问题。尤其在职场上，老板请你来是为了解决问题，如果你没有解决问题的思维和方法，你未来的职业生涯也不太会一帆风顺。

管理咨询就是发现问题、解决问题的一种工作，所以在这里我会分享一些"分析和解决问题"的思路和工具。

首先，让我们来看看在解决问题的过程中，会有哪些"坑"等着你。我自己总结了三个最常见的"坑"，也观察到老板们是怎么解决或绕过这些"坑"的。

掉进情绪的坑。

有些人总是很"丧"，总是焦虑："怎么可能在一个月之内完成项目呢？"还有一些人，总是很"怒"，总是指责："物流部干嘛吃的，货总是晚到。"这些抱怨、指责，都只能火上浇油，影响士气，无法让人做理性分析与决策。

其实，老板们也有情绪，但他们常常会把问题看成机会。我们也可以学习这种思维，比如，把客户的问题看成销售的机会，把公司的问题看成是你发挥的机会，把同事的问题看成建立人脉的机会。这样，我们就能不着急、不焦虑、不否定了。

所以，要用"机会思维"面对问题，看看问题中有没有转机和突破口。

掉进症状的坑。

经常有人问，"我应该去 A 公司还是 B 公司呢？"其实这个问题真正要解决的是"我的职业目标到底是什么"。确定了目标，就有决策标准，去 A 公司还是去 B 公司的问题自然就有了答案。

我观察到，成功的老板们在起步时都会先想明白"我要为客户解决什么问题、成为什么样的公司"这样的本质问题，这样在后面决定做 A 产品还是 B 产品，要有什么样的功能，自然就畅通无阻了。

所以，解决问题的第一步，就是用"本质思维"来界定真正根本的问题。

掉进解决方案的坑。

比如，我听一个人力资源主管抱怨："为什么我做的新组织架构方案明明很好，可以解决很多问题，可实施起来就很不顺，都推不下去？"

这其中的主要原因在于你的方案是否考虑了所涉及的"人"的感受。你有没有考虑被合并的两个经理的关系？这些人的感受、人际关系甚至利益，都会直接影响问题的解决效果和效率。

很多问题，甚至是男女朋友吵架的问题，也都是这样，要优先考虑"人"的因素。友情提示一下男同学们，当你的女朋友抱怨一个问题时，你直接给解决方案，90％以上的概率会火上浇油。第一步最好是先哄着解决情绪，再去解决问题本身。

所以，以"人本思维"来多关注"人"，"人"才是解决问题的最重要的要素。

用老板们的机会思维、本质思维、人本思维，可以绕开这些"坑"。那么接下来，我们需要在解决问题的过程中，踩准哪些关键点呢？基于麦肯锡的分析解决问题的方法，我们做了一个简化版的流程步骤。

第一步：界定问题。

按解决目的，通常企业中的问题分为三大类。

第一类，恢复原状型。比如，"突然离职5个人，项目瘫痪了"，那就要聚焦于解决"如何让项目正常运转"的问题。

第二类，防范潜在型。比如，银行的坏账呆账、公司财务的负债率过高等，这些可能目前还没发生但未来可能会出现的问题。

第三类，追求理想型。就是提升现状，达到更好。比如，"如何提高销售额 20％"这个问题，可以界定为"找到提高销售额的策略路径"。

第二步：假设备选方案。

比如你是卖水果的，你问顾客："你要橘子吗？"对方会说不喜欢，那就完了。如果你问他："您是喜欢苹果、橘子还是葡萄？"他选择其中一个的概率会大大提高。多提供备选项，可以增加对方接受方案的概率。

所以，建议你养成拟订备选方案的工作习惯。

第三步：找到最优方案。

这一步的关键点，就是让利益相关者在关键里程碑上达成共识，不然你的解决方案再好都不会被认可，也就很难落地执行。这里分享一个说服技巧叫"黄金圈法则"，该法则的核心就是先说"为什么"，基于共识的逻辑，再说"怎么做"，最后形成"是什么"。这与我们通常习惯性地告诉别人要做什么、怎么做的思路是相反的。

举个例子，我给一家早教机构做商业模式方案。在业务定位上，我们先达成选择标准——基于顾客需求和差异化。也就是找到"为什么"会得出方案的出发点。

然后，我在方案中展示我是如何做的，并通过调研提炼出顾客的三大痛点。然后，通过与竞争对手的比较，分析出顾客关注但却还没能满足的需求，最终找出差异化的定位

"是什么"。客户非常满意，其实他认同的是共识背后的逻辑。

所以，与其说服对方选择最优解决方案，不如先让大家对决策标准和逻辑达成共识。

掌握了分析解决问题的关键步骤，我们继续分享几个解决问题的常用小工具。

工具一：思维导图法。

怎么运用思维导图法呢？举个例子，你找份工作，可以分解成需要做这些准备工作：撰写简历、找招聘渠道投出简历、面试准备。然后我们将每一个准备工作再层层分解，比如，撰写简历就包括用什么模板、用什么样的照片、分几个部分、用什么经历素材等，这样分类和排序就很清楚了。

思维导图可以帮助你理清目标，梳理出路径，因其可视化的特点，还可以帮助监督执行计划。

工具二：模型法。

所谓模型法，就是用别人验证过的成熟模型来分析问题的逻辑，找到做决策的依据。

比如，老板让你设计产品标志，你随便找个图形的话，就很容易被老板和其他人挑战。但如果你能从符号刺激感知系统的四个层面——视觉、听觉、嗅觉、触觉——入手，去说明你的方案是如何做到让用户看得见、记得住，那样就可以很容易说服老板和其他人。

你可能说，我没上过商学院，不懂也记不住模型。其实寻找模型是有捷径的，你可以用"关键词＋模型（或理论）"这样的组合在网络上搜索，比如组织模型、决策理论、品牌定位逻辑等，发达的网络中一定有适合你的可借鉴的逻辑。

工具三：角色法。

一种角色法是，找两个同事，你扮演梦想家，让他俩扮演实干家和评论家。由实干家评价你的方案怎么落地的细节和计划，由评论家提出风险和问题。这样，你的解决方案就能全方位地得到验证。

另一种角色法是，从不同利益相关者视角来审视解决方案，比如，从老板、客户、供应商等的角度。这样下来，你就能发现不同视角关注的问题都会不一样。

著名心理学家萨提亚曾说过："问题本身并不是问题，如何对待问题才是问题。"在工作生活中，我们应学会不惧怕问题，从容应对问题，在解决问题中不断成长。

小结

我们分析了如何解决问题的思维和方法。

解决问题，首先需要具备机会思维、本质思维和人本思维，当我们具有这些思维之后，就可依照下面三个步骤去解决问题了：

第一步，界定真正的问题；

第二步，拟订备选方案；

第三步，达成决策逻辑的共识，确定最优方案。

同时，还有三个实用的解决方案工具——思维导图法、模型法和角色法，借助它们，可以增强解决方案的说服力和可行性。

 延伸思考

找一个你工作中要解决的问题，用思维导图法、模型法或角色法中你觉得适合的工具来梳理思路，解决问题。

05

你的远方

vs

老板的远方

没有职场驱动，你如何跑赢职场马拉松？

你是否有过这样的想法："老板给我多少钱，我就干多少活？"反过来，老板们也常常对员工说："你值多少钱，我给你怎样的活。"

从管理的角度，我在提供咨询服务时一般会建议老板通过激励文化赋能于员工。不过，在这里我想从个体视角出发，聊一聊我们为什么而工作，也就是工作的"驱动力"问题。

科学家们对人行为背后的驱动力做了研究，将行为驱动力分为下面三种。我们可以检视自己、对号入座，看看自己处于哪个驱动系统，就可以意识到为什么有人可以亢奋工作，而你却没啥干劲。

驱动力 1.0：生物性驱动力。

人类具有的原始和基本的需求就是"生存"。人类需要食物，保障安全，也需要交配繁衍，这些基本欲望和需求一直延续到现在，这就是驱动力 1.0。

所以，当你的工作仅仅是生存手段，那么钱自然成了最大驱动力。

驱动力 2.0：外部激励与惩罚。

20 世纪初，随着工业革命不断发展，关于工作驱动力，又有了新假设，即"要提高生产力，就要奖励好行为，惩罚坏行为"。现在企业所用的绩效机制和激励机制，都是基于这样的假设设计的。

但问题是，外部激励会让人上瘾，钱少了，员工就会失去动力和目标。外部激励效应会递减，到一定程度后，即使激励再大，也没有幸福感。

所以，如果没有自驱动力，被动工作的你终将陷入迷茫和麻木。

驱动力 3.0：自我赋能的驱动力。

你有没有想过自己 40 岁之后，是否还有足够的价值继续留在组织里？

你有没有在忘我的投入、挑战创新以及帮助别人中感受过工作的幸福？

如果都没有，那么你从工作中除了钱，还赚到了什么呢？

我们的职业生涯是一场马拉松赛，如果我们不升级职场驱动系统，从生存本能的驱动力进阶到自我赋能的驱动力，你不仅会后劲不足，而且在当下的工作中也无法获得快乐。

我们观察到成功的领导人、企业家，他们都有一个共同特点——清楚自己工作的意义，所以即便是在生存阶段，他们也不忘自己的使命和追求。那他们到底是为什么而工作呢？

目的一：精进自己。

日本的"经营之神"稻盛和夫在《活法》这本书中说："工作即道场，工作的目的是'自我修炼'，为了让自己拥有美好心灵、圆满人格和智慧的自己。"

世界上有很多这样的人。在意大利威尼斯，我见过坚持了40年在火炉旁钻研吹玻璃的艺术家；在日本，91岁"寿司之神"的学徒光做米饭就要学上5年；当然除了大师名人，我的身边也有从家庭主妇成为作家的四个娃的妈妈，啥学历没有却通过自学成为基金经理的朋友。

他们固然也通过工作赚钱养家，但他们热爱工作，推崇敬业、精益、专注和创新精神，在不断追求更好的自己的过程中获得价值感和成就感。

目的二：责任与爱。

我一直在一些公益组织中做志愿者，其间也见过很多人不只为自己工作。比如，为了成为孩子的榜样而努力的父亲，为对团队兄弟们负责而奋斗的创业者，为一方百姓谋福祉的政府官员，还有在山区帮助贫困孩子的支教老师，为身体障碍人士争光的残奥会运动员。

这些幸福的人生赢家都是基于利他心，以责任感和大爱作为驱动力。

目的三：改变世界。

乔布斯说过"活着就是为了改变世界"。我身边也有很多改变世界的人。

比如，我的师姐、盖茨基金会中国首席代表李一诺。她原本可以在麦肯锡合伙人的位置上舒服地待着，却毅然投身公益事业，致力于解决社会难题。当她与三个孩子从美国回中国后，发现国内教育的一些弊端，于是亲手创建"一土学校"，为教育行业的改变另辟蹊径。

改变世界固然不容易，但这不是只有老板们才能做的事情。当我们每个人都在自己的岗位上发现问题，解决问题，不断创新时，其实都是在改变世界。

对这些人来说，工作绝不是简单的谋生手段。他们都自带驱动力 3.0，可以自我赋能。很多人以为只有先解决了温饱问题后才能去考虑意义的事情。但实际上，当一个人用自驱动力去工作的时候，就会比被动完成任务更能取得佳绩，自然也能解决生活的基本问题。

了解了这些人为什么而工作，你有没有开始思考自己工作的意义呢？不管你工作是为了精进自己还是改变世界，我想提醒你，你至少要提前储备下面这三种职场燃料，来帮助你实现工作的意义。

燃料一：可迁移能力。

所谓可迁移能力，就是不仅现在能用，换个东家、换个行业也能用的能力。比如，问题分析与解决能力、公众表达与写作能力、快速学习能力、职场情商等。

在我的职业生涯里，固然做咨询培训是主旋律，但之前也做过公关、投资、与互联网相关的工作，还做过翻译，开过咖啡馆，到现在也依然是斜杠青年。我之所以能快速胜任不同工作，也能为不同行业客户做咨询培训，最重要的秘诀是在早期储备了这些可迁移能力。

所以，把现在的工作当练习机会，快快储备那些到哪儿都能用的技能吧，这样你才能有底气最终摆脱对平台的过度依赖，获得自主力和选择权。

燃料二：有价值的经历。

你独立执行过有挑战性的新项目吗？你有在不同城市甚至不同国家工作过吗？你参加过一些社团或者志愿者组织吗？这些工作机会、挑战和成长经历，会给你开启未来不同的可能性，也增加职业灵活度。

请注意，这并不意味着提倡频繁跳槽，我们强调的是思考与创新，即使是在一家公司、一个岗位，你也可以去了解不同部门的工作，挑战创新的想法，甚至争取内部创业。

所以，主动承担有价值的工作，勇于挑战和创新，积累多样的经历，让自己的工作变得更有意义。

燃料三：持久的关系。

想想如果你现在离开公司，你与老板和同事会成为长久的朋友吗？你所在平台会为你的职业品牌做背书吗？这些品牌和人是职场中宝贵的长期资源。

记得我第一份工作实习工资才 1800 元，交完房租吃个饭就所剩无几了。但那时候攒下的无形资产到现在都还管用，比如主动承担的翻译工作为日后管理研究奠定了基础，那时结识的专家推荐我去留学，同事和客户现在成了合作伙伴，出差结识的伙伴给我推荐下一家东家，甚至连保洁阿姨都帮我在装修办公室的时候找到施工队资源。

想来，这种持久关系是因为在工作期间我成了"付出者"，通过帮助别人更有效地共赢，扩大了影响力。

职场也好，生活也罢，其实都是一场漫漫的长途旅行，旅途中会遇到种种艰难困苦。而我们自己如同一辆奔向未来的皮卡，如果没有强大的自我驱动力，如果过程中没能不断补给储备燃料，那么，你很容易耗尽自己的能量，停止前行。希望每一个行者，能够在旅途中遇见更好的自己。

小结

在这里我们聊到了"为什么而工作"，也就是关于工作驱动力的话题。一般而言，驱动力有三个版本，而我们需要将工作驱动力从 1.0 版本的生存驱动升级到 3.0 版本的自我驱动。自我驱动的目的有三个：精进自己、责任与爱、改变世界。

提前储备以下三种职场燃料，可以帮助我们实现工作的意义：

燃料一，可迁移能力；

燃料二，有价值的经历；

燃料三，持久的关系。

因此，我建议你们在完成工作任务和目标的同时，要主动给自己的工作赋予意义，创造机会和挑战，这样你赚的不仅是工资，更是为未来储备的动力能量。

延伸思考

想一想你是"为什么而工作"，找到自己的驱动力，并用三种职场燃料对比一下你现在的工作状态，如果有不足，请做未来一年的加油计划。

没有战略思维，你如何规划未来职业方向？

从事咨询培训行业这么多年，很多小伙伴向我询问最多的困惑是："小兰老师，我未来应该做什么职业好呢？"与此同时，老板们跟我抱怨最多、最令他们头疼的问题则是："留不住人是最头疼的，员工动不动就跳槽。"

这就是员工不确定的远方和老板的远方之间不对称的矛盾。关于未来，每个人的思考着眼点都不相同，那么，我们如何用战略思维来探索"未来职业方向"的问题呢？

既然说到未来，那就先来看看人才市场有什么样的趋势，我们面临着什么样的挑战。

挑战一：长江后浪推前浪，我们还能永远留在沙滩上吗？

2018 年，有 820 万大学生涌入职场，这还不包括大批回国的海归，这个数字每年还在递增。同时，招聘中也会存在隐形的年龄要求，有些岗位只要 30 岁以下员工。这几年一些大公司都大规模裁员，有些朋友之前一路舒服，没想到奔四十了却职业断崖了。

如果你是职场新人，你如何在千军万马中脱颖而出？如果你是老员工，又如何与那些成本低、创造力又高的新生代竞争呢？

挑战二：技术性失业时代，我们会不会被机器淘汰？

随着技术的不断进步，很多职业都已经被淘汰。比如美国最大的律师事务所已经聘请机器人协助处理案子，人工智能可以辅助医生"看片"，且准确率已达到95％以上，而摩根士丹利已经为16000名财务顾问配备了机器算法。

固然，人工智能还无法完全替代人，但你有没有开始思考自己的工作将来会不会被机器人取代呢？

挑战三：组织的不确定性，离开组织你能活吗？

中国企业很少活过20年，而中小企业平均寿命更是短到3年，这也意味着，在一生中你需要换好几个东家。

同时，传统的组织形态和雇佣关系也正在瓦解。《2018全球人力资本趋势报告》中说，全球有近8000万自由职业者，在美国40％的员工都不属于传统雇佣模式。

如果现在的你被动或主动地离开所在的组织，你觉得自己能够很好地生存吗？

面对这些竞争、威胁和不确定性，我们每个人都要提前探索未来方向。因为，对于内心没有方向的人，到哪里都是逃离，对于有方向的人，到哪里都是追寻。

企业需要战略，个人职业发展也需要战略。所以我们将分享一个战略思维工具——战略罗盘，它可以提供四个视角。

第一，计划视角。

没有计划的企业如同"流浪汉"，很难回答"我是谁，到哪里去，怎么去"的问题。

掌管中化集团和中国化工集团两家央企的宁高宁说："战略思维是有了对行业、对趋势、对环境的深刻认识后，基于客户需求，主动调整的过程，而不是仅看到眼前的，被动地应付。"

职业选择也是如此，要主动选择有前景的行业，并基于市场需求动态地不断去调整。

第二，定位视角。

企业如果缺乏定位，就会变成"东施效颦"，只会不断模仿竞争对手。

找工作也一样，首先应该问自己两个问题：我在哪儿竞争？拿什么优势去竞争？

职业发展不是投机性的、一次性的生意，而是通过了解自己、扬长避短，形成竞争优势的过程。

第三，能力视角。

企业没有核心竞争力就如同"墙头草"，头重脚轻根基浅，战略无法落地生根。

个人职业发展也一样，我们可以从三个方面审视一下自己有没有核心竞争力。

需求性。比如，近几年企业都特别需要新媒体运营、电商运营方面的人才，因此这些职业的平均工资也跟着涨价。

独特性。你是否很容易就被替代？你要离职时老板会不会挽留你？

不可模仿性。比如，你有跨界的综合经验、极致的作品或者技术专利等。

所以，不断积累和打造自己的核心竞争力，才能立足于行业，获得更高的回报。

第四，学习视角。

有些企业和人就如同"恐龙"，对变化反应迟钝，充满惰性，则必然会被淘汰。

记得在 2013 年我翻译《掘金大数据》一书的时候，市面上只有一本关于大数据的书。短短几年，大数据的运用已经遍地开花。房产经纪公司转型为房地产大数据公司，停车场管理公司衍生出停车 App，在乌镇、龙门石窟等景区都已用大数据来疏导交通、信用支付。

我们看到企业在快速进化，而如果自己跟不上，那必然会被组织抛弃。

当我们拥有了这样的战略思维之后，又该从何处着手去切入探索自己职业的未来方向呢？由于每个人的具体情况都不相同，因此我们只分享几个思路，供大家参考。

热爱驱动——我喜欢什么？

我的朋友乐乐，原本是 500 强外企思科的渠道经理，她特别喜欢博物馆和历史，无论到哪里旅行都必去博物馆。当妈妈后，她干脆转型做起亲子博物馆游览的讲解，创建了"趣博物馆"公众号，还在"得到"App上给小朋友讲线上历史课。

我周围像乐乐这样，从白领转为编剧、运动教练、心理咨询师等职业的大有人在。他们都是兴趣使然，找到了职业的未来方向。你也不妨思考一下，看看自己有哪些兴趣能转化为生产力。

需求驱动——世界需要什么？

这个世界上存在的问题，其实都是机会。比如，滴滴看到了叫车难的需求，饿了么看到了外卖的需求，所以它们在短时间内发展壮大。在职业选择上也是一样，你只要想清楚了要帮助哪些行业、哪些人，解决什么样的问题，就能够找到自己工作的使命和方向。

能力资源驱动——我有什么？

有人会弹钢琴，有人会开发小程序，那么你最擅长做什么？找到最擅长的能力，你可以把这个优势发挥到极致。比如，同样是厨师，你可以努力成为米其林厨师；同样是做衣服，普通设计师和高定设计师的价值也是不一样的。

你还可以盘点资源。比如你有一处门面房，或有一些商品，那么这些资源都可以活用。如果都没有，那就跟个好的老板吧，补充他的能力和资源，然后一起成功。

信念价值观驱动——我推崇什么？

你思考过对你人生最重要的价值是什么吗？这会影响到你的选择。比如，我的价值观中第一位就是"自由"，这是我做自由职业者和自己开公司的原因。

有人认为先赚钱很重要，所以采取先赚钱后发展爱好的策略；有人认为爱很重要，所以宁肯不赚钱也要去做公益事业。

每个人都有不同的信念和价值观，没有对错，但你自己要想清楚。因为如果你不清楚自己的信念，当所从事的工作和价值观冲突时，你就会很痛苦，甚至不知道为什么痛苦。

身份驱动——我是谁，我应该干什么?

比如，"我是一个陪伴孩子的好妈妈"，这样自我定义的女性，就无法选择超忙碌的工作，而需要家庭和工作之间相互平衡。我很喜欢的管理学者陈春花老师将自己定义为"老师"，所以即使她去企业当总裁，也只是为了实践她的研究，而不是求财求名。

所以，用"我是谁"或者"我是一个什么样的人"这样的问题来问问自己吧。

最后，我借用电影《成事在人》里，曼德拉诵读的诗歌作为结束——

> 面对未来的威胁，
> 你会发现，我无所畏惧。
> 无论命运之门多么狭窄，
> 也无论承受怎样的惩罚。
> 我，是我命运的主宰。
> 我，是我灵魂的统帅。

小结

我们探讨了如何用战略思维探索未来职业方向。首先提供了一个实用的工具——战略罗盘，该工具有四个视角：

第一，计划视角；

第二，定位视角；

第三，能力视角；

第四，学习视角。

当通过战略罗盘洞察了自己的职业发展战略之后，又该如何探索和选择自己未来的方向呢？我提供了五个思路，即分别从兴趣、需求问题、能力资源、信念价值观和身份五个角度切入。我们也希望每个人都能找到自己的方向，提前定位，提前布局。

延伸思考

用战略罗盘的四个视角盘点一下自己的职业发展战略。

不破思维局限，你怎么知道自己有多少潜能？

我在做管理咨询，帮助企业解决问题的过程中，经常会面临很多看似无解的挑战。那么你的工作会不会也经常遇到各种挑战和问题？比如，将你调到完全不熟悉的新岗位，去做完全没有经验值的新工作？老板给了 20 万元的设计预算，却让你做出 30 万元的效果？本来需要三个人干的活，现在让你一个人搞定？……面对种种挑战，你是拒绝、焦虑抱怨，还是选择突破局限？

如果我们在工作之中遇到挑战，又该如何突破自己的思维局限？

我在观察那些成功人士、发掘他们成功的秘诀时就发现，老板与员工有一个很大的区别，那就是面对挑战时的"格局不对称"。你的远方似乎是一路的障碍物和各种风险，而老板看到的更多是远处美丽的高山美景，而不是盯着一路的石头杂草就退缩和放弃，他们站得高，看得远，所以应对挑战也游刃有余。

那到底是什么阻碍了我们格局的打开？我们又该怎么打

破思维局限？

我自己也是一名企业教练。教练，其实是通过改变被教练者的心智模式来发挥其潜能和提升效率的管理技术。教练会帮助个体或者企业，提升内心的能量，通过陪伴和承托，引导变化和成长。我在帮助企业和高管时也常常会用到教练技术。

这里，分享一个"教练技术"中的概念，那就是"局限性信念"。什么是"局限性信念"？它是指限制或阻碍我们接受挑战或改变的某种信念。最经常犯的局限性信念模式有两种。

第一种，"如果……那么……"模式。

"如果我没学过这个专业，那么我就没法做这个工作。"

"如果我没有经验，就不可能比那些资深的人做得好。"

"如果以前没做好，那么未来肯定也做不好。"

这些"如果怎么怎么样，那么就不可能"的思维模式，会阻碍我们去尝试和挑战。

相比之下，老板通常会想："如果不会做，那我就去学习；如果实在学不会，那我就找个懂的人帮助我。""如果我没有经验，我可以不受限制地去创新。""如果以前没做好，那么我就复盘一下，看看哪些失误可以避免。"

也就是说，在面对挑战时，你觉得不可能，但老板的词典里却永远没有"不可能"。

第二种，"X＝Y"模式。

学历＝成功。"我学历不高，所以没法成功。"

工作年限＝能力。"我工作没多久，能力不够。"

性别＝机会。"我是女人，所以这个主管位置不可能给我。"

地域＝前途。"我在小城市，肯定没前途。"

仔细想想，这 X 与 Y 之间真的有必然联系吗？其实不然。

很多时候我们的潜能都是被我们的这些局限性信念所阻碍，其实，那些都是我们给自己设置的框框。

那该如何打开这些框框，升级我们的格局呢？这里有三个心法可用。

心法一：意义转化法——给挑战赋予积极意义。

首先最简单直接的方法是，你可以问自己："这事儿对我有什么好处？"给看起来消极的事情，赋予一些积极的意义。

比如，担任新领域的工作，我可以趁机学到新技能；三个人的活让我一个人干，这样有难度了才可以体现出我有多"牛"。

你也可以想想底线，比如即便失败了，这事情对我还有没有什么好处。吃饭咬到石头才知道要吃得慢，所以就算我失败了，也增加了经验值，那么下次一定可以做得更好。

你还可以进一步尝试再拔高挑战的意义，思考你做的事情对公司发展，乃至对行业来说有什么积极意义。比如，我研发的技术对汽车工业、对中国制造业甚至中国创造有什么贡献等。别觉得这样想会不好意思，著名哲学家冯友兰就曾说过，人与其他动物的区别就在于人的觉解让万事万物有了意义。而综合一个人所获得的意义，也就构成了他的人生境界。

所以当我们对所做的事情赋予积极的、更高的意义时，就能提高境界，做到不抱怨、不抛弃、不放弃。

有了这样的心态，接下来就是要解决挑战性问题。

心法二：资源延伸法——从有限资源到无限资源。

我们看起来在拼尽全力解决问题，但往往很容易局限在自己的有限资源里面。其实，我们可以尝试通过拉伸资源的维度想办法、破局限，这里指的资源，包括人、财、物、空间等，是广义的范畴。

比如说，"我"延伸为"我们"，我自己没创意，但可以求助同事，也可以在朋友圈里咨询。我一个人没法完成业绩翻番，但却可以找渠道、找伙伴，让"我们"一起完成。

钱，延伸为"钱＋资源"，我现金有限，但却有实物，有技术，有其他无形资源，可以跟其他人资源置换。

空间也可以延伸，比如业务可以从一线城市转移到三线城市，或者从国内转移到国外。我的一个客户，就是因为发现国内的竞争太激烈，于是将业务重心转到国外进行开拓，结果发展得更好。

很多老板都会有一种"万物为我所用"的格局，只要能够达到目标，他们是有条件要上，没有条件创造条件也要上。如阿里"十八罗汉"之一、曾担任蚂蚁金服董事长的彭蕾说："无论马云的决定是什么，我的任务只有一个，帮助这个决定成为最正确的决定。"当年马云看《历史的天空》，想用这种军队组织管理方式，在别人看来这个想法不可思议，但彭蕾想尽一切办法获得各种资源支持，终于做出了著名的"阿里政委体系"，这后来成为人力资源的经典案例。

所以，从"将一切当资源"的视角去看世界、看问题，就会发现办法总比困难多。

心法三：第三选择法——关注"目标"，寻找第三条路。

我们的视角往往会聚焦在"你赢我输""对与错""好与坏"这种二元对立的选择上，在和老板、同事的协同过程中，也经常会局限于区分"你的方式"或"我的方式"。但实际上，当我们关注到目标，万事都会有"第三条路"。

比如，我的客户公司的设计部同事，老板给他20万元预算要创意设计，他自己想不出来，这钱也不够外包，后来他用10万元组织了个校园创意大赛，征集到了很多好方案，不仅解决了创意问题，还借机招到了优秀的实习生。

所以，不要仅局限在老板让你做的方式或自己认为的方式里，而应该去聚焦目标，想一想有没有共赢的第三种解决方式。

里根说："生命中的挑战并不是要让你陷于停顿，而是要帮助你发现自我。"通过不断突破自我局限，相信你会惊喜地发现你都不认识的你自己，也许这就是生命的神奇，也是人生的乐趣。

小结

我们在这里分享了"局限性信念"的概念，在职场中，局限性信念会让你在面对挑战时回避或恐惧。常见的局限性信念有两种："如果……那么……"模式和"$X=Y$"模式，但其实，这种要素之间的假设关联是可以破除的。认识了局限性信念之后，我们解决问题时就可以用三个心法来突破局限：

心法一，意义转化法——给你所做的事情赋予积极意义；

心法二，资源延伸法——利用无限资源找解决办法；

心法三，第三选择法——关注"目标"，开辟第三条路解决问题。

其实，在这个瞬息万变的时代，不管是工作还是生活，我们都需要不断挑战自己、突破自己。比如 2017 年，我去挑战高空跳伞，在上飞机之前我一直在害怕，在胡思乱想：如果失去重力，那么我一定会难受得要死；如果伞没及时打开，我又该怎么办？实际上，这些想法都是局限性信念。当我真正从 3600 米高空跳下来的时候，那个美不胜收的崭新世界，那种成功的喜悦和成就感，让我一下子就忘记了这些想法，沉浸在非常美妙的体验之中。所以，在工作和生活中，我们一定要敢于突破自己，这样才能持续成长。

✎ **延伸思考**

在工作中，找到一条你的局限性信念，并用三个心法破除它。

没有创业精神，如何创出自己人生的业？

我经常听人说："反正我就是个打工的，工作嘛差不多混一混就行了。"面对这样的小伙伴，老板们也无奈："我希望团队能够拧成一股绳，拥有共同愿景目标，一起奋斗，可总感觉他们少那么一股劲儿。"

老板们所说的那股劲儿到底是什么呢？其实就是"创业精神"。创业精神貌似是在说创业者，但其实这个概念已超越了创业的范畴。只要是敏捷地应对变化，敢于突破创新，确立创造价值的思维方式，培养积极进取的意志品质，都是创业精神。

即使在成熟组织里，每个人也都需要"创业精神"。因为，我们都是职场生态圈里的一员，都需要在变化的世界里、在优胜劣汰的竞争中更好地生存。那么，如何用创业精神获得更好的发展呢？

首先，我们介绍一下职场中的三类物种，大家可以对号入座，看看自己属于哪一物种。

第一种：羚羊——积极的奔跑者。

他们不肯接受安逸，敢于走出舒适区去和狮子赛跑。

美团创始人王兴就是在不断奔跑中寻找机会。他 24 岁开始创业，在美团之前做的 7 个项目都失败了。但他从未放弃，最终在第 15 年迎来成功的喜悦。

所以，坚持不懈的创业精神能够帮助你寻找到更多的成功机会。

第二种：大象——企业内部的变革创新者。

《谁说大象不能跳舞》一书的作者、IBM 的掌门人郭士纳，通过摧毁旧模式，将 IBM 集团的主力业务从大型计算机业务逐步转型为提供系统解决方案，使得亏损了 160 亿美元的病骆驼变成了"蓝色巨人"。其实个人发展也一样，在世界 500 强企业工作的白领也要面临职业转型，风光无限的上市公司高管早晚也要离开平台。

如果你已经是成功的大象，也不要忘记用创业精神抵御未来风险。

第三种：海豚——社会公共领域中的逆袭者。

美国有个鞋品牌叫 TOMS，该品牌的创立故事颇为传奇。最开始是设计师看到阿根廷的农村孩子们没有鞋穿，于是针对此做慈善，但后来他发现让人们不断捐钱捐鞋的慈善方式并不可持续，所以就大胆创新，采用了卖一双鞋就捐赠一双鞋的方式。截至 2017 年，该品牌已经在全球 70 多个国家捐赠了 7500 万双鞋子。

如果你在政府或社会组织工作，你也可以用创业精神设计更好的模式和管理方法，以便帮助更多的人。

无论是在企业还是在公共部门工作，是在创业还是在职场里上班，创业精神都能有助于我们发现机会、抵御风险、转型升级。那么对于成功的老板们来说，他们又是如何理解并践行创业精神的呢？

全情投入，成为追求完美的极客。

被誉为台湾"经营之神"的王永庆，16岁开了家米店。我们从他送米的这件小事就能看出他成功的秘诀——极致。王永庆不仅把所有混杂在米中的沙粒提前挑出来，在送货上门时还详细记录了顾客家里有多少人，一个月吃多少米，何时发薪水，然后在顾客差不多吃完了的时候，主动将米送上门——用现在的话就是用大数据进行客户管理。有了极致的顾客体验，生意自然就好。

回想一下，你有没有把现在的工作做到极致呢？如果没有，那么可以尝试一下，一定会有不一样的工作成效和回报。

解决痛点，成为把想法变为现实的创客。

分享一下我的朋友年糕妈妈的创业故事。2014年，她刚生下自己的孩子小年糕，发现新手妈妈们普遍有育儿知识不足的焦虑。所以，她开设了公众号，分享育儿知识。就是从这个痛点抓起的小小尝试，成就了如今有近1600万粉丝、每月超6000万元流水的母婴电商平台。现在，她正尝试着跨界进军教育领域，要建立中国第一所妈妈大学。

所以，从身边的痛点出发去帮助他人解决问题，也许你也能发现机会。

负责自己，分享他人，成为情怀的坚守者。

无论在哪里工作，投入时间就是在投入你的生命，那么，你对自己的生命有没有坚守的目标和原则？

记得多年前我在台湾考察诚品书店，被创始人吴清友25年的坚守所震撼。诚品书店在创业后15年里是亏钱的，但即便是受到互联网的猛烈冲击，吴清友也一直坚持人与人、人与空间、人与书之间的互动原则，用心打造诚品书店的每一个角落、每一个书架，为读者提供爱、善、美的体验。如今，遍布世界的40余家书店以及诚品精神，就是诚品书店留给这个世界的宝贵财富。

很多创业成功的人都具有某种情怀，也许是帮助他人，也许是解决社会的某个痛点，而坚守这种情怀，则会让他们闯出一条属于自己的路。

学会了这样的格局和思维，那么在平时的工作中，我们如何用"创业精神"搞定工作呢？我们提供一个"人生立方体"的思考方法，它可以帮助我们时刻提醒自己去打造和培养创业精神。这个立方体有四个维度。

维度一：宽度——跟随好奇，拓宽脑洞的宽度。

比如，同样做研发项目，A员工只关注擅长的码代码，而B员工在按时完成本职任务的同时，还从财务那里学会了控制成本，从客户那里挖掘出了新项目需求。可想而知，B

肯定比 A 更获老板的重用。所以，积极拓宽工作的宽度是非常有价值的事情。

这里分享个小小的实践诀窍，一般公司里都有个茶水间，你可以利用喝咖啡时间，了解下其他同事在做什么、对一些问题有什么见解。另外，你也可以每周找不同的人吃午餐，这样日积月累，你就能涨很多见识。

所以，走出你的小隔间，去拓宽视野，这会让你脑洞大开、突破局限，这也是创意的基础。

维度二：深度——极致投入，挖职业的深度。

我很喜欢大海，以前喜欢不费力气的浮潜，可在尝试深潜后，我才意识到原来自己不知道海水有多深，大海深处多有魅力。我发现工作也是一样的。之前我尝试过很多不同行业的工作，但只有在我一头扎到组织管理领域里进行深入研究的时候，才真正获得了用自己专业吃饭的本领。

所以，深潜一个领域，成为该领域的专家，这件事非常重要。

维度三：高度——刻意练习，模拟高阶的工作。

假设你是个出纳，请不要只埋没在票据堆里出不来，而应该去想想如何更好地做预算、资金结算等财务管理工作，同时还可以尝试着去做财务分析。如果做到了财务经理的职级，那就去关注投融资等高阶的部分。

这里有一个小妙招可以分享给大家，那就是"模拟老板"。工作上遇到事情时，我们不妨先想想："如果是老板，他会怎么办？"试着把自己摆在老板的位置上去思考和处理问题，再去比对老板实际是怎么做的，想想老板为什么这么做。

当你练习了足够多次的老板角色后，你自然也就成为高阶的人，甚至成为老板。

维度四：长度——迭代自己，拉长时间的长度。

在毕业十年后的同学聚会上，你会发现同学之间慢慢就有了差距——不是比谁赚钱更多，而是从工作和生活状态以及发展趋势来看，那些不求眼前的安逸，不计较小利益，不断学习迭代自己的同学们，会走得更快、更高、更久。

所以，我们应该在更长的时间维度上去思考成与败、得与失，不断去迭代和进化自己。

其实，职场如此，人生也如此。当我们开始勾勒自己人生的立方体时，你会找到生命成长的方向，有了方向，有了成长，你就不会迷茫，不会焦虑。当你能够用创业精神，不断给自己的立方体注入能量时，你也会感受到自己的人生越来越丰盈。当自己有了充足能量之后，职场中的那些事儿又算得了什么呢。

小结

在职场中，"创业精神"同样重要，它可以帮助我们在工作中发现机会，抵御风险，并促使我们转型升级。在日常工作中，我们可以从宽度、高度、深度、长度上锻炼自己，不断画出更大的人生立方体，使所有组织都成为你修炼自己的最好的道场。

 延伸思考

在一张白纸上画你的人生立方体，从"创业精神"的角度看看你现在的宽度、高度、深度和长度能打多少分。

没有经营思维，你还敢当斜杠青年？

最近有一种比较火的活法叫作"斜杠青年"。什么是斜杠青年？就是有双重职业甚至多重职业的人。比如：一个程序员，在周末还兼职做健身教练；一个母婴内容创业者，业余时间还做模特。不过关于员工做斜杠，一部分老板却是不太看好，说："现在的年轻人真不安分，自己分内工作都没做好，还玩什么斜杠？"

其实我自己也是一枚斜杠青年，接下来我们就聊一聊"斜杠"这一特殊的职业发展模式，希望能帮助大家做出更理性的职业发展路径规划。

据统计，在 18～25 岁人群中，多达 82.6％的年轻人想成为"斜杠青年"。可是很多人对"斜杠青年"并没有准确的理解。最典型的误解有三个。

误解一：斜杠＝兼职？

比如，你为了赚点房租钱，今天卖卖房子，明天做点代购，算斜杠吗？不是！所谓斜杠，是在自己热爱的领域里成

199

为专家，那些零散的兼职顶多就是多了一个点，还称不上真正的斜杠。

所以，简单地用你的时间或力气变现外快的兼职不是真正的斜杠。

误解二：斜杠＝更多机会？

在人才竞争如此激烈的时代，你必须在多个领域做到极致，才有可能在竞争中获得机会。但从老板的角度来说，则会担心员工的"投入度"和"稳定性"，所以在有些机会面前，斜杠反而可能得不到很深的信任感。

所以，先打造好单杠，再想着画斜杠吧。

误解三：斜杠才是开挂的人生吗？

有人觉得斜杠才是开挂的人生、有趣的灵魂，其实还有很多活法也是能幸福和成功的：

第一类，竖杠青年——打磨一门手艺的匠人，或者研究技术或产品的专家型人才。比如，我的老同事一辈子潜心做日语高级翻译，为中日关系做了很多贡献。

第二类，横杠青年——从专业出发，往外延伸。比如，我一个同学，英语专业毕业后留校当老师，后来去了上市公司做国际化相关业务，现在又去了联合国国际公益组织里工作。

第三类，T形青年。比如，我认识的一位环境专业博士在通用公司做了几年技术，后来自己开了一家咨询公司，自己做老板，这是典型的技术加管理的综合型人才。

所以，无论是横杠、竖杠还是斜杠，能基于自己的定义创造价值的，就是好青年。

其实，做斜杠好比一个公司要多元化发展，不是所有人都能搞得定。好的斜杠青年，会像老板经营一家公司一样经营，这就需要具备老板格局。在开启你的斜杠生涯前，你可以问问自己下面这四个问题。

问题一：你有增长战略吗？

麦肯锡对保持增长的不同行业领先企业做长期研究后，总结出"战略三层面"理论。第一层面，建立确保核心事业；第二层面，发展新业务；第三层面，开创未来事业机会。其核心是：突出核心业务，再搭建增长阶梯。

个人的职业成长也是如此。你只看到咪蒙写公众号发个广告能赚40万元，可你知道她曾经做过10多年的记者吗？你知道六神磊磊在火之前读了20年金庸、在新华社写了8年的时政文章吗？他们都是在第一职业上、在一个方向上有足够积累之后才有的厚积薄发。

所以，我们建议在一定时期内要全力打造第一主业的核心竞争力，然后再去画第二个增长点。

问题二：你有资本吗？

首先是资产。巴菲特说人生就是一场不断抵押的过程。你要先想清楚用什么资产换取什么东西，比如用你的时间、健康、人脉，来换取趣味、收入或是影响力。也就是你要想清楚成为斜杠的舍与得。

其次是现金流。你能保障优质生活和抵抗风险吗？你的斜杠能变现吗？

最后是投资。斜杠需要不断投资自己，让自己成为一个领域的至少半个专家，比如努力拿到注册会计师、营养师、潜水教练等资格证和技术认证。

所以，请你盘点好自己所拥有的资产和现金流，并不断投资自己获得新技能。

问题三：你有团队资源吗？

这个团队不是雇人的概念，而是帮助你拓展斜杠的所有资源。比如，我做培训师，如果没有合作伙伴共同打造精品课，没有渠道做推广，没有助理帮忙做商务，甚至没有老妈、保姆给带孩子、做家务，我很难做什么斜杠。

所以，想要发展斜杠，需要积累各种团队资源。

问题四：你有强大的自我管理能力吗？

我所访谈及观察过的斜杠朋友们，都有这样的共同特质：很强的自我管理能力。我自己也是相同的感觉，比如早上跑步我会备课，会利用坐飞机的时间完成咨询报告，晚上一边哄娃睡觉一边抬腿做运动——很多时候都需要同时干2～3件事情。

所以，精力管理以及自控力是斜杠青年非常重要的底层能力。

经营自己如同经营一家公司，需要从战略、资本、团队、管理能力等方面规划清楚，目标和路径清晰，才能获得成功。其实，成为斜杠是增长战略的一种。长期来看，通过斜杠思维来布局未来，其实也是拓展影响力、降低职业风险的一种策略。所以，即使你不打算成为斜杠，我建议你也可以用上面的四个问题来思考你的职业发展策略。

如果你想清楚了，准备好了要做斜杠，那该怎么切入呢？下面提供几个组合供你参考。

A 组合：工作＋兴趣爱好。

我的斜杠朋友中，有码字出书的互联网公司高管，有在乐团做小提琴手的产品经理，有做拉丁舞教练的生物学专家。他们的本职工作都做得非常出色，同时这些兴趣爱好也不是隔两天玩玩，而是真心热爱，也具有专业的水准。

B 组合：工作＋优势技能。

比如，我自己会韩语，就能给领导人做翻译，还翻译过书。假设你擅长做 PPT，你也可以在喜马拉雅上开一门线上课。这些都是工作＋优势技能。

C 组合：工作＋不同职能。

比如技术＋销售，财务＋供应链，行政＋人力资源。这种一个人承担多种职能的方式是比较低风险的斜杠发展策略。而且老板也很喜欢这种企业内的复合型斜杠。

D 组合：专家顾问＋意见领袖＋衍生模式。

母婴领域特别火的年糕妈妈是我的朋友，我是一路看着她从每天特别努力地写育儿的公众号，到成为育儿专家和意见领袖，接着获得投资，然后出书、做视频、组论坛、拍广告，最后衍生出母婴电商的。

E 组合：工作＋顾客需求。

顾客需求是商业模式的根基，在工作的过程中，发现顾客需求可以是成为斜杠，甚至是创业的机会。

我一个朋友发现周围家长跟自己一样找不到性价比高的夏令营，就兼职做了亲子营项目。

小结

关于斜杠青年的话题，我想传递的核心观点是：

第一，斜杠不是唯一的开挂模式，你可以先做精主业的单杠，再去想斜杠的事儿。

第二，想成为斜杠青年，需要从战略、资本、团队、管理能力等方面做充分考量和准备。

第三，斜杠可以有五种切入模式：工作＋兴趣爱好，工作＋优势技能，工作＋不同职能，专家顾问＋意见领袖＋衍生模式，工作＋顾客需求。

于我而言，斜杠青年不是简单地多做一个兼职，而是围绕自己定义的人生梦想所展开的承载方式，也意味着多维的人生价值观。我觉得生命需要更多维度和层次来发现自己、丰富自己。在这个意义上，其实人人都可以，也都应该具备斜杠青年的自我经营思维。

延伸思考

你是不是想成为斜杠青年？如果是，那就思考一下五种切入模式中自己能用哪一个。

不懂幸福的方法，如何创造幸福的人生？

一位老板很无奈地告诉我："A 同学离职了，真不明白，不开心都成了离职原因。"

不过，并不是所有小伙伴都能一不开心就炒掉老板，他们会说："工作嘛，就是养家糊口，还要什么幸福快乐。"

其实，前面我们学那么多搞定工作的方法，最终目的都是创造幸福人生，所以在本书的最后，我们聊一聊"幸福的方法"。

首先，我们需要分析一下工作中的那些不幸福感来自哪里。不说生活、情感等因素，比如失恋了或健康出问题，而影响到工作的情况。我观察到，职场中大多数人的不幸福感其实来自于自己与组织的不匹配。人与组织如同一对情侣，合不合得来，可以从下面四个层面来进行判断。

第一层面：物质层——公司满足你的基本物质需求了吗？

一个关键要素是办公地点和工作环境。假如你每天要挤着地铁花 4 个小时上下班，这肯定是影响幸福度的。

另一个关键要素就是报酬。研究表明，一个员工离开一个组织的理由中排名第一的就是"钱没给到位"。不过，留在一个组织的理由，钱可不是首要的，所以钱也不是万能的幸福钥匙。

第二层面：关系层——你的自我关系和团队关系和谐吗？

首先，什么叫自我关系和谐？比如：让你当了主管，你却管不住下面的两个人，很有压力，这是职责与能力不和谐；你本来要写篇稿子，可刷了半天手机导致加班，这是计划与行为不和谐。所以工作中能不能"自控"是自我和谐的很重要的幸福因子。

其次，团队关系。比如，能不能融入好同事群，办公室政治复不复杂，这些组织中的关系会直接影响你的幸福感。

第三层面：制度层——公司的管理风格让你感到舒服吗？

比如：你喜欢扁平化组织，可公司层层有领导，不能越级汇报，你很憋屈；你想单刀直入解决问题，公司却要求用规范标准的流程去解决，你觉得很烦琐；你希望弹性工作制，公司却要求每天打卡。

这些组织结构、流程、制度、老板的领导风格，都会影响工作的舒适度和你的积极性。

第四层面：精神层——你认同公司愿景和价值观吗？

为什么海底捞员工那么卖命？因为他们相信老板为他们创造了"双手改变命运"的平台。为什么华为加班那么猛却没人有怨言？因为他们认同"奋斗者为荣"的价值观。

所以，你的诗与远方最好和公司、老板的相匹配，这样才能走得长远。

以上这四个层面——物质层、关系层、制度层和精神层，在找工作时就要考量，应聘时不要只关注工资，要看看公司和你是否般配。当然，就如相亲一样，哪有那么完美的？所以建议你想清楚最核心的层面，如果这个层面匹配了，就好好相处吧。

如果你幸运地找到了匹配和喜欢的工作，是否就能幸福了呢？不是。即使在这样的公司，你也会因遇到坎儿而感到沮丧，遇到挑战而感到压力，遇到小人而感到愤怒。面对这些，如果你能够具备一定高度的格局，那很多事儿就不叫事儿了。我们来看一下老板们是用什么样的幸福观来对待工作、解决痛苦、看待世界的。

幸福观一：世上没有绝对快乐的工作。

记得上大学时在新东方学英语，学员笔记本上印有这么一句话："在绝望中寻找希望。"这是当年俞敏洪创办新东方时候的内心写照。在他被北大辞退、自己去校园贴广告的时候，他说自己是很难受的，也不想让别人看见。但随着学员的不断认可以及企业的快速成长，他逐渐感受到教育的意义和价值。

所以，其实幸福不是没有痛苦的快乐，而是寻找希望和意义的过程。

幸福观二：生活不仅是眼前的苟且，还有诗与远方。

小米创始人雷军带领团队在不到 300 平方米的办公室创业，一天工作 16 个小时，自爆午餐只吃 3 分钟，每周上班 7 天。为什么他不抱怨？为什么他能战胜危机？是为赚钱吗？不是，是他对事业的热爱与梦想支撑他走到今天。

那么，你有想要实现的梦想吗？找到梦想会给你的生命带来意义和力量。

幸福观三：世界是自己的，与他人无关。

杨绛先生说过："我们曾如此渴望命运的波澜，到最后才发现，人生最曼妙的风景，竟是内心的淡定与从容；我们曾如此期盼外界的认可，到最后才知道，世界是自己的，与他人毫无关系。"

所以，向内探寻自己定义的价值才是真正持续幸福的正道。

学会与负面情绪相处，拥有未来的梦想，向内寻求安定的心，会帮助我们在浮躁的社会中获得内心的幸福。那么，以这样的幸福观为参考，我们怎样过每一天才能获得幸福感呢？

积极心理学之父马丁·赛利格曼研究出"幸福五元素模型"（PERMA），这五个元素分别是：积极情绪、投入、人际关系、意义和成就。我们可以从这五个元素出发，在每一天的工作生活中找到幸福感。在这里，我与大家分享我自己的一天是如何融入幸福五元素来安排的。

清晨 6：00：积极情绪启动时间。

我经常晨跑，这不仅带给我充沛的能量，还有助于启动积极情绪。同时我也一边跑步一边听书，或者有时会思考这一天的计划，这也会提高工作效率。

7：00："幸福的决定"时刻。

我每天会和儿子一起做"幸福的决定"。"今天妈妈决定完成报告，过充实的一天。"小朋友说："今天我积极发言，过快乐的一天。"这样，每天给自己小小的幸福目标。

7：30—8：00："幸福股东会"时间。

幸福股东会，就是列出对人生幸福重要的股东清单，比如父母、朋友、老板。对这些幸福股东，我会重点维护。比如，给父母打个电话，给朋友送首歌，给老板朋友圈点个赞——注意，点赞一定要留言而不是只点赞。别看很简单，这对于建立和谐关系特别有用。

8：30—12：00："沉浸投入"时间。

这个时间段，我不会去想"孩子吃饭了吗？晚上吃什么？"等问题，而是全身心专注于工作。有时候投入地做课件或报告时，我仿佛感觉整个时空只有自己，听不到外面的声音。你也可以在工作的时候尝试屏蔽干扰，不去看微信、刷抖音，这时你的效率和所产出的成果，一定是非常令人惊喜的。

下午 2：00—5：00："创造意义"时间。

这个时间段，有时我在讲课，有时也会忙碌于公益活动。不管是分享知识还是分享爱，对我而言都是人生的重要意义所在。当工作有了意义，那么过程中即使有辛苦、有冲突、有失败，这意义也会给人以力量和支撑。

晚上睡觉前："成长"时间。

这个时间段，我会看自己喜欢的书，也会复盘一天的工作，有时为自己完成目标而点赞和自我激励。当然，我也不是每天都只有快乐，我也会有压力大的时候，这时我会通过听音乐等方式调整情绪，努力品味幸福五元素，来感悟每一天的幸福。

幸福是一种感受，更是一种能力。最后，推荐一部电影《当幸福来敲门》，送你其中一句经典的台词："幸福不在于别人，而在于我们自己。"希望你能够珍惜每一个瞬间，自己创造属于自己的幸福人生。

小结

在本书的最后，我们聊了关于工作中"幸福感"的话题。

在组织中可能导致不幸福的因素有四个层面——物质层、关系层、制度层和精神层。

我们可以向老板们学习怎样的幸福观呢？主要有三个：

幸福观一，工作不是简单快乐；

幸福观二，人需要梦想；

幸福观三，幸福要向内求。

了解了老板们的幸福观，我们就可以尝试学习和利用积极心理学之父的幸福五要素模型，通过积极情绪、投入、人际关系、意义和成就来获得幸福。

延伸思考

　　请尝试用幸福五元素来重新感悟一天中的幸福时刻。

后 记

激活冰山，融化冰山

"冰山"在我们每个人的世界里无处不在。

了解了自己的"冰山"，运用冰山理论实践沟通，我在生活和工作中都受益匪浅。这里分享两个印象最为深刻的故事。

第一个故事，是我与儿子的故事。有一个周日，我想带儿子去公园，但他死活哪儿都不去。他开始在家里调皮捣蛋，把净水器里面所有的水都放出来，把卫生间的纸巾都拉出来，把沙发的抱枕踩得羽毛纷飞。到中午了，既不好好吃饭，也不肯睡午觉。一开始，我很生气，觉得孩子太不听话。但是很快，我觉得他肯定有自己的原因，就开始尝试去体会他的内心世界。

我问自己："他到底为什么会这样？他有什么感受？有什么期待？"我突然想起，前一天（周六）我正要带他出去玩，临时接到开会通知，于是匆忙把孩子交接给我先生，就赶着去开会了，也没有好好跟孩子解释去哪里。

我问："你是因为怕妈妈像昨天那样突然走掉，所以才不愿意出去玩的吗?"

一直捣蛋的他突然停下了动作，两眼泛着泪光直直地盯着我，说不出话来。

"昨天是妈妈不对，一着急没有和你好好解释要去哪里，什么时候回。"

他瞬间哇哇大哭起来。我连忙抱着他不停地道歉，他哭着哭着就在我怀里睡着了，一睡就是三个小时。

其实，他是害怕（感受），害怕妈妈带他出去玩时再一次走开（观念）。他捣乱是为了引起关注（期待），更深层次的渴望是妈妈的爱（渴望）。作为家长，如果只看到孩子表面的行为，那一定是生气和打骂。但作为妈妈，如果能够倾听和理解孩子的感受、观念、期待和深层次的渴望，这一切都很好解决。

第二个故事，是一个职场故事。在一次教练课中，一位女学员耿耿于怀地道出了对老板的强烈不满。在她刚刚怀孕并把这个消息告知她的老板的时候，老板的反应非常负面和激烈。后来的一段时间，她总觉得老板对她很不好，给她更多的工作压力，让她更加频繁地加班和出差。因此，她也常常带着情绪上班，有一次当众任性拒绝老板的任务和要求，两人出现了比较大的冲突。

其实，她内心感到非常委屈（感受），希望老板给予自己一些理解和照顾（期待）。她认为自己作为员工已经尽职尽责了，虽然是孕妇，但也从来没耽误正常工作（观念）。她看起来是个"女汉子"，有时脾气也大，但仍然渴望被爱、被尊重、被认可。

从老板的角度看，其实当时公司正处于艰难的时期，面临着很多危机。面对内外部压力，老板自己也非常焦虑和着急（感受）。他希望公司的核心骨干在这样的非常时期尽快创造业绩，不被其他事情所干扰（期待）。老板起初认为，孕妇肯定无法好好工作，会影响产出绩效（观念）。

当这位女学员开始分析老板的"冰山"时，她说这是自己第一次站在老板的视角去看待问题。她觉得，这样一来自己其实也理解了老板的压力、顾虑和担心。如果当时她能够清晰地看到和感受到这些，也许就可以和老板更坦诚地沟通，不仅能够解除老板的顾虑，也可以用更好的方式表达一些合理的诉求，而不至于与老板发生那么大的冲突。

通过这两个故事，我们不难发现，"冰山"效应其实会综合性地作用于我们的生活和工作。那么我们应该如何面对并解决它？

首先，激活自己的"冰山"——觉察自己的内在。

我此刻是否生气或者委屈？为什么？

我是因为何种观念认为他人是错的？

我希望从这个世界得到什么？为什么那些如此重要？

当我们不断询问自己这些深层次的问题时，我们内在的"冰山"会被激活，进而觉察到那个被自己忽略了的"自己"。

其次，如果我们能够通过倾听和沟通，理解他人与自己不同的"冰山"，那么就可以很容易地找到融化"冰山"的突破点。

我相信，经过 5 个层面、30 个具体职场场景的分析，你已经可以大致判断自己与对方出现的冲突是源于哪个层面的不对称。不过，人是复杂的，世界是复杂的。很多问题并不是单纯由一个层面的不对称引起的。所以，我们需要综合分析问题，最终才能真正学会如何融化"冰山"。

所以，激活冰山、融化冰山，其实也就是了解自己、理解他人。换位思考，找到双赢的解决方案才是解决冲突的最佳路径。希望读到本书的每一位读者能够从中受益，真正将书中的"一招一式"运用到实际工作与生活中。

最后，我非常感谢这些年帮助我成长的人们，因为他们，才让我拥有了洞察和提炼老板思维的机会和能力。

首先，感谢我的第一任领导，现国务院国资委研究中心主任李明星先生。当年还是职场"小白"的时候，我从他身上看到了超越自我世界的格局，也收获了很多近距离接触"大牛人"的机会，为日后的发展和成长奠定了坚实的基础。

其次，感谢我的清华校友导师，也是过去 6 年的合作伙伴——郭玲老师。我们在企业教练的工作中并肩作战，为很多成长型企业提供咨询服务，这一过程给了我诸多启发，帮助我在组织管理咨询和培训领域里快速成长。她也是第一位让我真正实现生活、工作、精神领域共同成长的启发者。

也非常感谢布克加（BOOK＋）和犀牛日课的创始人王

留全。我们是多年的朋友，正是因为和他时不时地思维碰撞才有了《学得会的老板思维》的选题创意。当然，今日的小成果也离不开团队小伙伴们的辛苦付出。

还要感谢在这本书及同名课程的开发过程中给予我支持和鼓励的老师和朋友们，包括清华经管学院组织与人力资源副教授王雪莉老师、追光动画联合创始人于洲、合众思壮副董事长武崇利、方正数码韩野、美国 ICF 大师级教练叶世夫老师等诸多贵人。

最后，感谢从小培养我哲学思维的我的父亲，以及在我开发课程期间给予支持和照顾的母亲，谨以此书献给他们——我生命中最重要的亲人。

念起，便是生命中最美的风景。感恩、利他、幸福，这些便是我想通过这本书传递的信息。回望曾经冰山般固执的岁月，我发现，淡定并没有那么难，输赢并没有那么重要，当你愿意将自己融化为温柔的海洋，这个世界对你也会温柔相待。